财富世界行 系列丛书

U0654881

Riyadh Power

利雅得集结号

沙特阿拉伯财富世界之旅
Rich World Tour Of Saudi Arabia

李华伟／编著

中国出版集团 现代出版社

图书在版编目(CIP)数据

利雅得集结号 / 李华伟编著. —北京：现代出版社，2016.7
（2021.8重印）

ISBN 978-7-5143-5204-7

Ⅰ.①利… Ⅱ.①李… Ⅲ.①沙特阿拉伯—概况

Ⅳ.①K938.4

中国版本图书馆CIP数据核字(2016)第160819号

编　　著	李华伟
责任编辑	王敬一
出版发行	现代出版社
通讯地址	北京市安定门外安华里504号
邮政编码	100011
电　　话	010-64267325 64245264（传真）
网　　址	www.1980xd.com
电子邮箱	xiandai@cnpitc.com.cn
印　　刷	北京兴星伟业印刷有限公司
开　　本	700mm×1000mm 1/16
印　　张	9.5
版　　次	2016年12月第1版　2021年8月第3次印刷
书　　号	ISBN 978-7-5143-5204-7
定　　价	29.80元

前言
QIANYAN

多年以来，我们就一直想策划关于G20的图书，经过艰苦努力，如今这个想法终于变成了现实。毋庸置疑，G20已经成为世界上最具影响力的经济论坛之一，而成员国则被视为世界经济界"脑力激荡"、"激发新思维"与财富的代名词。

我常常会在心里问自己：到底什么是财富？什么是经济？有的人可能会说，钱啊！这种说法从某种意义上来说有一定的道理。在这里我要说，只要是具有价值的东西都可以称之为财富，包括自然财富、物质财富、精神财富，等等。从经济学上来看，财富是指物品按价值计算的富裕程度，或对这些物品的控制和处理的状况。财富的概念为所有具有货币价值、交换价值或经济效用的财产或资源，包括货币、不动产、所有权。在许多国家，财富还包括对基础服务的享受，如医疗卫生以及对农作物和家畜的拥有权。财富相当于衡量一个人或团体的物质资产。

需要说明的是，世上没有绝对的公平，只有相对的强弱。有的人一出生就有豪车豪宅，而且是庞大家业的继承人；有的人一出生就只能是穷乡僻壤受寒冷受饥饿的孩子。自己的人生只有改变"权力、地位、财富"中的一项，才可以获得优势的生存机会。那么，财富又被赋予了新的内涵:要创造财富,增加财富,维持财富,保护财富,享受财富;要提高自己的生活质量。

二十国集团是一个国际经济合作论坛,它的宗旨是为推动发达国家和新兴市场国家之间就实质性问题进行讨论和研究,以寻求合作并促进国际金融稳定和经济持续发展。二十国集团由美国、英国、日本、法国、德国、加拿大、意大利、俄罗斯、澳大利亚、中国、巴西、阿根廷、墨西哥、韩国、印度尼西亚、印度、沙特阿拉伯、南非、土耳其共19个国家以及欧盟组成。这些国家的国民生产总值约占全世界的85%,人口则将近世界总人口的2/3。本选题立足二十国集团,希望读者通过阅读能够全面了解这20个经济体,同时,能够对财富有一个全面而清醒的认识。

即使在基本写作思路确定后,对本书的编写还是有些许的担忧,但是工作必须做下去,既然已经开始,我们绝不会半途而废。在编写过程中,书稿大致从以下几个方面入手:

1. 立足G20成员国的经济、财富,阐述该国的经济概况、经济地理、经济历史、财富现状、财富人物以及财富未来的发展战略等。

2. 本书稿为面对青少年的普及型读物,所以在编写过程中尽量注重知识性、趣味性,力求做到浅显易懂。

3. 本书插入了一些必要的图片,对本书的内容进行了恰到好处的补充,以更好地促进读者的阅读。

尽管我们付出了诸多的辛苦,然而由于时间紧迫和能力所限,书稿错讹之处在所难免,敬请各方面的专家学者和广大读者批评指正,我们将不胜感激!

编 者

2012年11月

目录 CONTENTS

开　篇　二十国集团是怎么回事

　　二十国集团，由八国集团（美国、日本、德国、法国、英国、意大利、加拿大、俄罗斯）和11个重要新兴工业国家（中国、阿根廷、澳大利亚、巴西、印度、印度尼西亚、墨西哥、沙特阿拉伯、南非、韩国和土耳其）以及欧盟组成。

二十国集团简介

二十国集团,由八国集团(美国、日本、德国、法国、英国、意大利、加拿大、俄罗斯)和11个重要新兴工业国家(中国、阿根廷、澳大利亚、巴西、印度、印度尼西亚、墨西哥、沙特阿拉伯、南非、韩国和土耳其)以及欧盟组成。按照惯例,国际货币基金组织与世界银行列席该组织的会议。二十国集团的 GDP 总量约占世界的85%,人口约为40亿。中国经济网专门开设了"G20 财经要闻精粹"专栏,每日报道 G20 各国财经要闻。

【走近二十国集团】

二十国集团,又称G20,它是一个国际经济合作论坛,于1999年12月16日在德国柏林成立,属于布雷顿森林体系框架内非正式对话的一种机制,由原八国集团以及其余12个重要经济体组成。

二十国集团的历史

二十国集团的建立，最初是由美国等 8 个工业化国家的财政部长于 1999 年 6 月在德国科隆提出的，目的是防止类似亚洲金融风暴的重演，让有关国家就国际经济、货币政策举行非正式对话，以利于国际金融和货币体系的稳定。二十国集团会议当时只是由各国财长或各国中央银行行长参加，自 2008 年由美国引发的全球金融危机使得金融体系成为全球的焦点，开始举行二十国集团首脑会议，扩大各个国家的发言权，它取代了之前的二十国集团财长会议。

二十国集团的成员

二十国集团的成员包括：八国集团成员国美国、日本、德国、法国、英国、意大利、加拿大、俄罗斯，作为一个实体的欧盟和澳大利亚、中国以及具有广泛代表性的发展中国家南非、阿根廷、巴西、印度、印度尼西亚、墨西哥、沙特阿拉伯、韩国和土耳其。这些国家的国民生产总值约占全世界的 85%，人口则将近世界总人口的 2/3。二十国集团成员涵盖面广，代表性强，该集团的 GDP 占全球经济的 90%，贸易额占全球的 80%，因此，它已取代 G8 成为全球经济合作的主要论坛。

【走近二十国集团】

二十国集团是布雷顿森林体系框架内非正式对话的一种机制，旨在推动国际金融体制改革，为有关实质问题的讨论和协商奠定广泛基础，以寻求合作并促进世界经济的稳定和持续增长。

二十国集团的主要活动

二十国集团自成立至今,其主要活动为"财政部长及中央银行行长会议",每年举行一次。二十国集团没有常设的秘书处和工作人员。因此,由当年主席国设立临时秘书处来协调集团工作和组织会议。

会议主要讨论正式建立二十国集团会议机制以及如何避免经济危机的爆发等问题。与会代表不仅将就各国如何制止经济危机进行讨论,也将就国际社会如何在防止经济危机方面发挥作用等问题交换意见。

1999年12月15日至16日,第一次会议暨成立大会,德国柏林;

2000年10月24日至25日,第二次会议,加拿大蒙特利尔;

2001年11月16日至18日,第三次会议,加拿大渥太华;

2002年11月22日至23日,第四次会议,印度新德里;

2003 年 10 月 26 日至 27 日，第五次会议，墨西哥莫雷利亚市；

2004 年 11 月 20 日至 21 日，第六次会议，德国柏林；

2005 年 10 月 15 日至 16 日，第七次会议，中国北京；

2006 年 11 月 18 日至 19 日，第八次会议，澳大利亚墨尔本；

2007 年 11 月 17 日至 18 日，第九次会议，南非开普敦；

2008 年 11 月 8 日至 9 日，第十次会议，美国华盛顿；

2009 年 4 月 1 日至 2 日，第十一次会议，英国伦敦；

2009 年 9 月 24 日至 25 日，第十二次会议，美国匹兹堡；

2010 年 6 月 27 日至 28 日，第十三次会议，加拿大多伦多；

2010 年 11 月 11 日至 12 日，第十四次会议，韩国首尔；

2011 年 2 月 18 日至 19 日，第十五次会议，法国巴黎；

2011 年 11 月 3 日至 4 日，第十六次会议，法国戛纳；

2012 年 6 月 17 日至 19 日，第十七次会议，墨西哥洛斯卡沃斯。

二十国集团的相关报道

1.加拿大:防止债务危机恶化

作为峰会主席国,加拿大主张:各成员国应就未来 5 年将各自预算赤字至少减少 50%达成一项协议,以防止主权债务危机进一步恶化;会议应发出明确信号,收紧刺激性支出,即当各国刺激计划到期后,将致力于重整财政,防止通货膨胀。

加拿大还认为,应建立有效的金融调节国际机制,进一步提高银行资本充足率,以防止出现新的金融机构倒闭。不应由纳税人承担拯救金融机构的责任;加强世界银行、国际货币基金组织和多边开发银行的作用,支持国际货币基金组织配额改革,反对开征银行税,认为设立紧急资金是更好的选择。

> **【走近二十国集团】**
>
> 以"复苏和新开端"为主题的二十国集团领导人第4次峰会于2010年6月26日至27日在加拿大多伦多召开。此次峰会正值世界经济出现好转趋势,但欧元区主权债务危机爆发又给全球经济走势增添诸多变数之际。在此背景下,与会的主要发达国家及发展中国家对这次峰会的立场受到国际舆论的高度关注。

此外,加拿大还表示,各成员国应承诺反对贸易保护主义,促进国际贸易和投资进一步自由化,确保经济复苏;增加对非洲的发展援助。

2.美国:巩固经济复苏势头

美国是世界头号经济强国,也是本轮金融危机的发源地。根据美国官

方透露的信息,美国政府对此次峰会的主要立场包括:巩固经济复苏势头;整顿财政政策;加强金融监管,确立全球通用的金融监管框架。美国希望与各国探讨国际金融机构的治理改革等问题。

美国财政部官员说,中国日前宣布进一步增强人民币汇率弹性,其时机对二十国集团峰会"极有建设性"。欧洲宣布将公布对银行业进行压力测试的结果,这将有助于恢复市场信心。

【走近二十国集团】

二十国集团的宗旨是为推动已工业化的发达国家和新兴市场国家之间就实质性问题进行开放及有建设性的讨论和研究,以寻求合作并促进国际金融稳定和经济的持续增长。

美方对这两项宣布感到鼓舞。

3.巴西:鼓励经济增长政策

根据从巴西外交部得到的消息,巴西将在二十国集团峰会上提出要求各国继续鼓励经济增长政策、加快金融市场调节机制建设的主张。

巴西认为,当年4月结束的世界银行改革"令人满意",但在今后几年中还应在各国投票权上实现进一步平等。此外,峰会应从政治层面强调国际货币基金组织改革。

巴西政府主张二十国集团应发挥更大作用,因为当今世界,二十国集团已显示出了高效讨论各种重要议题的论坛作用。同时,二十国集团也需从主要讨论金融危机拓展到其他问题,如发展、能源和石油政策等。

4.俄罗斯:主张二十国集团机制化

俄罗斯曾经在峰会上就二十国集团机制化、推动国际审计体系改革、建立国际环保基金等具体问题提出一系列倡议。

梅德韦杰夫曾经在会见巴西总统卢拉后说,现在需要努力将二十国集团打造成一个常设机构,以便对国际经济关系产生实际影响。

梅德韦杰夫还在接见美国知名风险投资公司负责人时表示,原有的国际审计体系已经被破坏,俄罗斯目前正在制定改革这一体系的相关建议。他说,二十国集团峰会应对关于审计改革的议题进行讨论。

在防范金融风险方面,俄罗斯可能提出两套方案:一是开征银行税并建立专门的援助基金;另一方案是在发生危机时,国家向银行提供资金支持,但危机过去后,银行不仅要返回资金,还要支付罚款。

5.日本:期望发挥积极作用

日本外务省经济局局长铃木庸一则在记者会上表示,在发生国际金融和经济危机、新兴国家崛起等国际秩序发生变化的形势下,二十国集团是发达国家和新兴国家商讨合作解决全球问题的场所,日本可以继续为解决全球问题发挥积极作用。

【走近二十国集团】

铃木庸一说,从支撑世界经济回升、遏制贸易保护主义的观点出发,二十国集团首脑应表明努力实现多哈谈判早日达成协议的决心。

日本期望峰会能深入讨论如何应对全球性问题并达成一些协议,发达国家和新兴国家能够更多地开展合作,共同致力于解决经济、金融等方面的全球性课题。

6.南非:希望从国际贸易中受益

对于二十国集团峰会,南非政府希望在峰会上重申,南非将与其他国家加强贸易进出口联系,以使其在国际贸易交往中受益。对此,南非方面呼吁重建世界贸易经济交往秩序和规则,予以发展中国家新兴经济体以更多的优惠与权利,与其他发展中国家携手重建世界贸易新秩序。

南非经济学家马丁·戴维斯认为,二十国集团峰会本是西方世界的产物,如今以中国、南非、巴西、印度等新兴经济体为代表的发展中国家需要联合起来，打破国际经济旧秩序，建立更加平衡、公平、长效、利于世界经济全面复兴的新国际经贸秩序。

7. 欧盟：实施退出策略需加强协调

对于欧盟来说，在实施退出策略上加强国际协调和继续推进国际金融监管改革，将是其在峰会上的两大核心主张。

【走近二十国集团】

在推进国际金融监管改革方面，欧盟将力主就征收银行税达成协议。除此之外，欧盟还提出要在峰会上探讨征收全球金融交易税的可能性。

欧盟曾经掀起了一股财政紧缩浪潮，但在如何巩固财政和维护经济复苏之间求得平衡的问题上与美国产生分歧。在退出问题上美欧如何协调将是多伦多峰会的一大看点。

8. 印度：征银行税不适合印度

印度政府官员表示，在峰会上，新兴经济国家与发达国家在如何促进世界经济复苏的问题上将产生不同意见。

各国应对金融危机的情况不同，经济增长形势不同，西方国家必

须认识到这一点。

印度官员指出,欧盟目前被一些成员国的财政赤字和债务危机所困,法德两国都希望收缩开支。但德国如果采取财政紧缩政策,它可能会陷入双重经济衰退,而且整个欧盟的经济也将随之收缩,这不利于世界经济复苏。

印度官员同时表示,美国政府最近提出要征收银行税和加强对银行的政策限制,西方很可能要求印度等国也采取类似措施,但这并不适合印度,因为印度的金融体系相当健康。

9.中国:谨慎决策防范风险

中国外交部副部长崔天凯曾经在媒体吹风会上说,多伦多峰会是二十国集团峰会机制化后的首次峰会,具有承前启后的重要意义。中方希望有关各方维护二十国集团信誉与效力,巩固该集团国际经济合作主要论坛的地位。

中方在此次峰会上强调,为推动全球经济稳定复苏,各国应保持宏观经济政策的连续性和稳定性;根据各自国情谨慎确定退出战略的时机和方式;在致力于经济增长的同时防范和应对通胀和财政风险;反对贸易和投资保护主义,促进国际贸易和投资健康发展。

中方还指出,为实现全球经济强劲、可持续增长,发达国家应采取有效措施解决自身存在的问题,以减少国际金融市场波动;发展中国家应通过改革和结构调整,以促进经济增长。

集团宗旨

二十国集团属于非正式论坛,旨在促进工业化国家和新兴市场国家

【走近二十国集团】

二十国集团还为处于不同发展阶段的主要国家提供了一个共商当前国际经济问题的平台。同时,二十国集团还致力于建立全球公认的标准,例如在透明的财政政策、反洗钱和反恐怖融资等领域率先建立统一标准。

就国际经济、货币政策和金融体系的重要问题开展富有建设性和开放性的对话,并通过对话,为有关实质问题的讨论和协商奠定广泛基础,以寻求合作并推动国际金融体制的改革,加强国际金融体系架构,促进经济的稳定和持续增长。

2011巴黎G20财长会议

全球瞩目的二十国集团财政部长和央行行长会议于当地时间2011年10月15日在法国巴黎闭幕,此次会议是在全球经济尤其是欧债危机深度演化的背景下召开的,吸引了各方关注。

会上,各成员国财政领袖支持欧洲方面所列出的对抗债务危机的新计划,并呼吁欧洲领导人在23日举行的欧盟峰会上对危机采取坚决行动。

此外,与会各方还通过了一项旨在减少系统性金融机构风险的大银行风险控制全面框架。

在本次财长会上,全球主要经济体对欧洲施压,要求该地区领导人在当月23日的欧盟峰会上"拿出一项全面计划,果断应对当前的挑战"。

呼吁欧元区"尽可能扩大欧洲金融稳定基金(EFSF)的影响,以便解决危机蔓延的问题"。

有海外媒体报道称,欧洲官员正在考虑的危机应对方案包括:将希腊债券减值多达50%,对银行业提供支持并继续让欧洲央行购买债券等。

决策者还保留了国际货币基金组织(IMF)提供更多援助,配合欧洲行动的可能性,但是对于是否需要向IMF提供更多资金则意见不一。

当天的会议还通过了一项旨在减少系统性金融机构风险的新规,包括加强监管、建立跨境合作机制、明确破产救助规程以及大银行需额外增加资本金等。

根据这项新规,具有系统性影响的银行将被要求额外增加1%至2.5%的资本金。

二十国集团成员同意采取协调一致措施,以应对短期经济复苏脆弱问题,并巩固经济强劲、可持续、平衡增长基础。所有成员都应进一步推进结构改革,提高潜在增长率并扩大就业。

金融峰会

二十国集团金融峰会于2008年11月15日召开,作为参与国家最多、在全球经济金融中作用最大的高峰对话之一,G20峰会对应对全球金融危机、重建国际金融新秩序作用重大,也因此成为世界的焦点。

金融峰会将达成怎么样的结果?对今后一段时间的全球经济有何推动?对各大经济体遭受的金融风险有怎样的监管和控制?种种问题,都有待回答。

第一,拯救美国经济,防止美国滥发美元

目前美国实体经济已经开始衰退,为了刺激总需求,美联储已经将基准利率降到了1%,并且不断注资拯救陷入困境的金融机构和大型企业,这些政策都将增加美元发行,从而使美元不断贬值。

美元是世界货币,世界上许多国家都持有巨额的美元资产,美国

【走近二十国集团】

如何拯救美国经济,防止美国滥发美元;要不要改革IMF,确定国际最后贷款人;必须统一监管标准,规范国际金融机构活动。这里对峰会做出的三大猜想,一定也有助于读者更好地观察二十国集团金融峰会的进一步发展。

滥发货币的行为将会给持有美元资产的国家造成严重损失。因此，金融峰会最迫在眉睫的任务应是防止美国滥发货币，而为了达到这个目的，各国要齐心协力拯救美国经济，这集中体现在购买美国国债上。

截至 2008 年 9 月 30 日，美国联邦政府财政赤字已达到 4548 亿美元，达到了历史最高点，因此，美国财政若要发力，需要世界各国购买美国国债，为美国政府支出融资。因此，G20 的其他成员要步调一致，严禁大量抛售美国国债，只有这样，才能稳住美国经济，自己手中的美元资产才能保值增值。

第二，改革 IMF，确定国际最后贷款人

查尔斯·金德尔伯格在其脍炙人口的《疯狂、惊恐和崩溃：金融危机史》里指出，最后贷款人对解决和预防金融危机扩散至关重要。如果危机发生在一国之内，该国的中央银行可以充当这一角色，但是如果其演变为区域性或全球性金融危机，就需要国际最后贷款人来承担这一角色了。

1944 年成立的国际货币基金组织（IMF）就是为了稳定国际金融秩序而建立的一个国际最后贷款人。但是，IMF 本身实力有限，只能帮助应对规模较小的金融危机，而且一直受美国利益的支配，在援助受灾国的时候，往往附加苛刻的政治条件，限制了受灾国自主调控经济的自主性，往往在解决金融危机的同时导致严重的经济衰退。

【走近二十国集团】

在国际范围内，既不存在世界政府，也没有任何世界性的银行可以发挥这种功能，但是如果 G20 能够达成一种世界性的协议，共同应对更大规模的危机（例如由美国次贷风暴所引发的金融危机），将成为一种次优选择。

在这次峰会中，G20 其他成员，尤其是新兴经济体将更多地参与到 IMF 改革中来，包括要求更多的份额、在决策中拥有更多的发言权等。但是 IMF 的问题还不止于此。IMF 成立之初主要为了应对贸易赤字所带来的国际收支失衡,但是今天的问题是资本流动成了影响一国国际收支的主要因素,在巨量的资本流动面前,IMF 发挥的"救火"功能十分有限。在这种情况下,应确定规模更大的、协调功能更好的、能应对巨额资本流动冲击的国际最后贷款人。

第三,统一监管标准,规范国际金融机构活动

这次危机的根源之一是美国金融监管过度放松。作为金融全球化的主要推动者,美国对其金融机构和金融市场创新的监管越来越宽松,在这种宽松的环境下,其投资银行、商业银行和对冲基金等金融机构高杠杆运营,在全球其他国家攻城略地,屡屡得手。例如,1992 年的英镑和里拉危机,1997 年的亚洲金融危机,在很大程度上都是对冲基金兴风作浪的结果。由于这些机构在全球运行,可以通过内部交易或者跨国资本交易来逃避世界各国的金融监管,因此,统一监管标准,规范国际金融活动,就成了除美国之外,G20 其他成员的共同心声。美国也想加强金融监管,但是它更清楚要掌握监管

规则制定的主动权。如果放弃主动权,美国在国际金融体系中的霸权地位将会被极大撼动,这是美国金融资本所不愿看到的,而这也恰恰是 G20 其他成员的金融资本所诉求的。欧盟成员国在这个问题上早早表明了立场,预计在金融峰会上,美国或者置之不理,或者与 G20 中的欧盟成员国展开一番唇枪舌剑。经济和政治犹如一对孪生兄弟,如影随形。这次金融峰会不光要应对全球经济危机,更关系到美国相对衰落之后的全球利益调整。这个讨价还价的过程不是一次金融峰会就可以解决的,未来更多的峰会将接踵而来。目前,中国是世界上仅次于美国的第二大经济体,拥有全球最多的外汇储备,其他各国都盯住了中国的"钱袋子",更加关注中国的动向。中国应抓住这次世界经济和政治格局调整的机会,主动发挥大国的作用,参与国际规则的制定,为中国的崛起、为全球金融和经济的长治久安做出自己的贡献。

【走近二十国集团】

二十国集团成员涵盖面广、代表性强,该集团的GDP占全球经济的90%,贸易额占全球的80%,因此已取代G8成为全球经济合作的主要论坛。

第一章　沙特的金融是怎样崛起的

石油是沙特阿拉伯的经济支柱,也是国家财政收入的主要来源。沙特阿拉伯国家财政收入中 75%～85%是来自石油及其相关产品的出口,石油收入的多少直接决定了沙特阿拉伯政府的财政状况。

比赚钱更重要的是找到你自己的赚钱动力。人就是这样，做任何事情，只要有了动力，就会为了达到那个目标而努力。赚钱这件事也同样如此。很多人不能赚到钱的主要原因就是赚钱没有动力，每个月都是照样工作，收入也不错，可是自己的腰包里面就是没有多少钱，多少人还是会有点感到心灰意冷吧。这是你没有在拿到薪水的时候，先付给自己。当你每个月都付钱给自己，然后自己的存款也越来越多，财富就像滚雪球一样越滚越大时，你就会对赚钱这件事很上心。

第一节　国家财政的经济调控

　　20世纪70年代的石油繁荣给沙特阿拉伯带来了丰厚的石油利润。随着政府收入的不断增加,沙特阿拉伯在前三个五年计划中,开始执行数额庞大的政府支出计划,1978年,政府支出竟达到国民生产总值的63%。这一时期,政府采取了减税、改善和修建基础设施、增加人民福利、扩充公共部门、提高公共部门工资等一系列旨在提高人民生活水平、刺激经济发展的政策,石油繁荣让沙特阿拉伯政府成为本国最重要的消费者、购买者、雇主和股东。

　　不过,沙特阿拉伯政府扩张性的财政政策并没有扩大其政府的收入来源。国家财政依然主要依靠石油收入,国际油价的波动和沙特阿拉伯过高的人口增长率,使得沙特阿拉伯政府在保持高额开支的同时,很难长期保持国家财政的盈余。1982年,国际油价开始下滑,沙特阿拉伯政府预算也于1983年首次出现赤字。为了弥补财政预算赤字,沙特阿拉伯政府不得不大量缩减经济预算,压缩了一些非生产性项目的开支,取消并延缓了一些修建项目的投资,同时压缩政府部分开销,减少对居民的水电费用的补贴。直到2000年,在国际石油价格开始上涨

【走近沙特】

　　沙特阿拉伯以石油王国著称,石油天然气资源丰富。沙特阿拉伯是世界上石油储量最丰富的国家,截至2009年,沙特阿拉伯石油剩余可采储量363亿吨,占世界储量的19.8%,居世界首位。石油产量4.6亿吨,占世界总产量的12%,居世界第二位。

之时,沙特阿拉伯政府才最终实现预算平衡。

2004年开始的石油价格大幅上涨大大改善了沙特阿拉伯政府的财政状况。据英国经济学家情报社统计,2006年,沙特阿拉伯政府财政盈余创历史新高,达到749亿美元,占国民生产总值的21%。政府将大量盈余用于还债,1999年,沙特阿拉伯公共债务总额还占国民生产总值的118%,到2006年年底,该数字已降为28%,约为976亿美元。

2006年和2007年,沙特阿拉伯预算中投资支出的比例都有大幅增长,经常项目支出也有所扩大。2000～2007年,政府预算中资本支出占总支出的比例不断扩大,2000年为7.8%,到2007年已达到25.5%,2007年沙特阿拉伯资本支出主要投资于教育、卫生、公路、水利、城市和工业基础设施以及科技领域。从2005年开始,沙特阿拉伯政府批准将政府盈余用于发展项目和增加外汇储备。

沙特阿拉伯财政收入的主要来源是石油出口收入，随着世界石油价格的上涨以及低利率，2003～2007年财政收支均保持盈余，财政余额也逐年增加。2005~2007年政府财政预算收入占GDP的比重都在44％以上，2008年达到53％。从2006年开始，石油收入对沙特阿拉伯国内经济增长的影响

【走近沙特】

沙特阿拉伯的天然气剩余可采储量7.92万亿立方米，占世界储量的4.2％，居世界第四位。天然气产量775亿立方米，占世界总产量的2.6％。沙特阿拉伯还是世界上最大的淡化海水生产国，其海水淡化量占世界总量的21％左右。

逐步显现，并最终成为支持财政收入的主要动力。随着财政收入和支出的增加，政府财政支出对国内经济增长发挥更加重要的作用，取代石油增产项目投资成为刺激国内经济发展的重要因素。政府将更多的财政资源用于与国民生活密切相关的健康、教育、社会事务、市政服务、水资源、医疗支出、道路及部分基础设施建设。

2005～2007年，沙特阿拉伯公共债务维持在较稳定的水平，而公共债务占GDP比重却在不断下降，2005年公共债务占GDP的44.3％，2007年仅占23.3％，2008年下降到16.1％。这主要是因为GDP增长的缘故。

第二节 税收制度对经济的制约

沙特阿拉伯实行中央一级征税制度。在沙特阿拉伯,无论是沙特阿拉伯人、外国人或是外人和沙特阿拉伯人合伙拥有的经营机构,每年必须到天课和所得税总局(Department of Zakat and Income Tax)缴纳天课或所得税。在沙特阿拉伯,只有不拥有沙特阿拉伯或海湾合作委员会国家国籍的外国人、非沙特阿拉伯(以及海合会国家)公民拥有的公司、合资公司中非沙特阿拉伯(以及海合会)公民所属份额需缴纳所得税;而沙特阿拉伯(含海合会成员国)公民、沙特阿拉伯(含海合会成员国)公民投资的公司以及合资公司中沙特阿拉伯(含海合会成员国)公民所属份额则须缴纳天课而无须缴纳所得税。

沙特阿拉伯新的所得税法和相关实施细则于2004年7月30日正式生效。这是沙特阿拉伯政府50年来第一次对本国税法进行重大修改,也是沙特阿拉伯政府为适应当今世界经济发展,实现国家收入多样化,积极吸引外国投资的一项重大举措。

沙特阿拉伯新所得税法的主要内容如下:

(1)所得税征收对象。在沙特阿拉伯设立的企业中非沙特阿拉伯籍合伙人的资

【走近沙特】

石油工业是沙特阿拉伯经济的主要支柱,石油收入的积累使得沙特阿拉伯经济保持较高的生产能力,推动了经济持续增长,2008年人均GDP达1.9万美元。

本收入、在沙特阿拉伯从事商业活动的非沙特阿拉伯籍自然人、在沙特阿拉伯从事商业活动的非常驻人员、在沙特阿拉伯取得其他应缴税收入的非常驻人员、在石油和天然气领域工作的人员为所得税征收对象。

(2)征税税率。企业和个人所得税征税税率(不包括石油、天然气和碳氢化合物领域)为20%;在天然气领域投资人的所得税起征税率为30%,如内部收益率超过8%,将采取分段征税办法。在石油和碳氢化合物领域投资企业的收入税征税率为85%。

(3)免征范围。纳税人在证券市场取得的收入根据有关法律不计入所得税征收范围。非商业活动的财产所得也不计入所得税征收范围。

(4)亏损弥补。企业发生年度亏损,可以用下一纳税年度的所得弥补;下一纳税年度的所得不足弥补的,可以逐年继续弥补。

(5)完税要求和相关规定时间。提交会计决算报表和交税时间

为本财政年度结束后的120天之内。

(6)资产的修缮和改造。每年所消费的资产改造费用不得超过总消费4%,超出部分不予核销。

(7)对经营空运和国际船运业务的企业可采用估税缴纳方法。如果在沙特阿拉伯的外国航空公司、船运公司、空运公司和陆路运输公司的分公司不能提供准确的税务材料,沙特阿拉伯天课和所得税总局将根据其提供的分公司会计收入报告确定的总额经评估后征收5%的所得税。

(8)对纳税年度税款预缴和分期缴付的新规定。纳税人可以预缴税款,比例为上一年缴纳税款的25%,剩余税款可分3阶段,分别在6、9、12月缴纳。年终根据会计决算报告汇算清缴,多退少补。

(9)税务检查。沙特阿拉伯天课和所得税总局有权对企业设立的从事生产经营的机构、场所的财务、会计和纳税情况进行检查;有权对企业的缴税情况进行检查。被检查的企业和负责人必须据实报告并提供有关资料,不得拒绝或者隐瞒。对纳税人未按规定期限缴纳税款的将进行相关处罚。如未按规定及时办理税务登记的,罚款1 000~10 000里亚尔或按未缴税款的5%~20%处以罚款;迟交税款的,每延迟30天,按未交税款的1%处以罚款。偷逃税款的,处以25%的罚款。纳税人到期后,如仍不缴纳税款,沙特阿拉伯天课和所得税总局有权扣押、没收、转卖应纳税人的财产。

(10)纠纷解决方式。纳税企业或纳税人同税务总局在纳税上发生争议时,可在收到税务总局填发的纳税通知之日起60日内向税务总局申请复议。税务总局自收到复议申请之日起60日内提交由不少于4名专业人士组成的初步裁决委员会作出初步裁决。对初步裁决不服的,在缴纳税款或提交全额

【走近沙特】
　　随着沙特阿拉伯政府建设和改造国内基础设施和生产设备,大力推进经济结构多元化,继续发展非石油产业,沙特阿拉伯经济基本上保持持续增长。

银行保函后,可再向不公正法庭起诉。

沙特阿拉伯实行低关税政策,2004年,85%的商品条目的税率低于5%,在进入世贸组织后进口关税进一步降低。但是,经济的迅速增长所带来的税收收入的增加,以及政府对石油公司征收石油及石油产品生产项目所得税和天然气项目所得税,将抵消低关税的影响,政府财政收支状况会继续保持稳定。

第三节　货币、金融的现状和未来

(一)概述

建国之初,沙特阿拉伯并没有自己的银行和金融系统。沙特阿拉伯政府仅是1927年发行过里亚尔银元,但国内交易依然主要依靠外国货币。石油资源得到开发后,沙特阿拉伯开始出现一些外资和内资银行,其业务主要是为进出口、商业贸易提供短期贷款,并为朝觐客服务。到20世纪50年代,沙特阿拉伯政府开支随着

石油收入的增长不断扩大，沙特阿拉伯国王伊本·沙特认为依靠外国银行给政府筹资带来很多不便，于是决定创建本国的金融系统。1952年，沙特阿拉伯货币局(Saudi Arabian Monetary Agency)在美国的技术支持下成立并开始行使中央银行的职能。沙特阿拉伯货币机构成立以后，于1953年开始发行本国货币，并积极推动本国银行体系的建立。1953年，沙特阿拉伯第一家银行沙特阿拉伯国民商业银行成立。至此，沙特阿拉伯才拥有自己的货币和金融系统。1976年，沙特阿拉伯银行业开始实行本土化战略，沙特阿拉伯政府规定外资银行必须将60%的股份出售给沙特阿拉伯政府和人民，随后，一系列外资银行经过重组成立，其中包括沙特美国银行、沙特法兰西银行、沙特英国银行等。

沙特阿拉伯是伊斯兰国家，其金融业受到沙里亚伊斯兰教法的约束。但是，沙特阿拉伯金融机构的实际操作与西方国家并无差异。不过，伊斯兰金融机构在20世纪80年代开始出现并不断发展壮大，现已成为传统金融机构的重要补充。

沙特阿拉伯金融业从无到有，发展非常迅速，现已形成包括银行业、保险业、资本市场在内的完善的金融体系，国内金融法律完备，功能齐全。2005年，沙特阿拉伯正式加入世界贸易组织，随后，沙特阿拉伯也加快了国内金融业对外资的开放程度。目前，沙特阿拉伯已有10家海湾国家及其他国家的银行在沙特阿拉伯开展银行业务，不过规模都比较小。沙特阿拉伯于2003年颁布了《资本市场法》，该法要求所有银行都需要分离其投资银行业务，银行开设该项业务需要单独向资本市场局(CapitalMarket Authority)申请。至今，该局已发放若干投行经营执照，这些执照大多发放给由外资银行和沙特阿拉伯本地合作方联合组

【走近沙特】

　　沙特阿拉伯以石油王国著称，石油天然气资源十分丰富，沙特阿拉伯产业结构中农业占3%，服务业占38%，工业占59%。

建的投资机构。沙特阿拉伯金融业的另一项改革是废除了国家联合行动保险公司 (National Company for Cooperative Insurance)对国内保险业的垄断。沙特阿拉伯货币机构已向很多新成立的保险公司发放了经营执照。这些新成立的保险公司已于2007年按照沙特阿拉伯法律的要求首次公开募股上市。

沙特阿拉伯货币局(SAMA)：

沙特阿拉伯货币机构成立于1952年,是沙特阿拉伯的中央银行。现任主席为哈马德·萨亚里。货币机构的主要职能包括：发行货币(包括纸币和硬币)、管理公共债务、保持物价及汇率稳定、管理外汇储备、监管商业银行、管理金融市场(包括证券市场)、确保本国金融体系的稳定和发展。同时,沙特阿拉伯货币机构还是沙特阿拉伯的投资机构,负责管理沙特阿拉伯在海外的资产。

沙特阿拉伯货币机构的工作重点在不同时期有所不同。

机构组建之初的任务是实行货币改革和推动银行业的发展;1960~1972年,沙特阿拉伯货币局的主要任务是促成里亚尔可兑换性的银行业法规的制定;1973~1982年,机构的主要任务是控制"石油繁荣"时期的通胀,管理外汇储备及实施外资银行分支机构的沙特阿拉伯化;80年代中期以后,机构的首要工作则是推动金融市场的改革以及帮助政府解决债务问题。

(二)货币和汇率

沙特阿拉伯货币主币为沙特里亚尔(Riyal),辅币为哈拉拉(halala),1里亚尔=100哈拉拉。沙特阿拉伯于2007年发行了第5套货币,主币里亚尔币值种类分别为:1里亚尔、5里亚尔、10里亚尔、50里亚尔、100里亚尔和500里亚尔,辅币哈拉拉的币值为50哈拉拉。

沙特阿拉伯实行外币自由兑换制度,政府不对外汇交易实行管制。1986年6月,沙特阿拉伯政府正式宣布将沙特阿拉伯里亚尔盯住国际货币基金组织的特别提款权(SDRs)。不过,沙特阿拉伯里亚尔在实际上同美元保持固定汇率,沙特阿拉伯里亚尔与美元的兑换比例为3.75:1,这一汇率一直持续至今,保持有20多年。2003年1月1日,沙特阿拉伯政府正式宣布这一汇率为沙特阿拉伯官方汇率。

不过,沙特阿拉伯里亚尔与美元的实际汇率还是与官方汇率有所差异。2007年9月,由于沙特阿拉伯未跟随美国实行降息政策导致沙特阿拉伯里亚尔升值,第三季度沙特阿拉伯里亚尔对美元的比例达到3.70:1,为20多年来的

【走近沙特】

沙特阿拉伯重视农业的发展,政府对农业实行优惠政策,鼓励农作物特别是小麦的种植,调动了农民积极性,小麦已实现自给自足并出口。粮食自给率为98%。

最高水平。不过第四季度,由于沙特阿拉伯政府采取购买美元的冲销行为,重新推动真实汇率回归于官方汇率。

(三)银行业

沙特阿拉伯金融业比较发达,银行业对外开放度较高。截至2007年,共有18家银行在沙特阿拉伯开展业务,其中包括科威特国民银行、德意志银行、马斯喀特银行、巴林国民银行等外资银行。2007年,沙特阿拉伯银行及其分支机构总数达到1 353家,其中中部地区为460家、西部地区361家、东部地区242家、南部地区为160家、北部地区为130家。

2003~2007年,沙特阿拉伯经济形势良好,政府实行的扩张性财政政策以及私人信贷业务的增长推动沙特阿拉伯银行业的快速发展。沙特阿拉伯银行的资产总额从2003年的5 452亿里亚尔迅速增长到2007年的10 752亿里亚尔。

2007年,沙特阿拉伯银行存款总额为7 176亿里亚尔,同比增长21.4%;贷款总额达到7 609亿里亚尔,同比增长19.8%。值得注意的是,沙特阿拉伯个人消费贷款业务发展迅速,沙特阿拉伯个人消费贷款总额从2001年底的348亿里亚尔迅速增长到2007年底的1 826亿里亚尔。

2007年,沙特阿拉伯本国银行海外资产和负债也有所增加,分别达到1 477亿里亚尔和1 052亿里亚尔,分别较上年增长42%和77.7%。由于负债增长速度快于资产的增长速度,沙特阿拉伯银行在海外的净资产有所下降,2007年为425亿里亚尔,比上年下降39.8%。

据沙特阿拉伯货币局统计,2006年,沙特阿拉伯银行的净利润为346亿里亚尔,比上年增长35.5%。2007年,沙特阿拉伯银行净利润下降43亿里亚尔,为303亿里亚尔。

此外,由沙特阿拉伯本国银行开设的伊斯兰债券(sukuk)业务也获得了较快发展,2007年底,其数额达到30亿里亚尔,同比增长252.1%。

沙特阿拉伯有以下主要银行。

国民商业银行(National Commercial Bank) 成立于1953年,注册资本300万里亚尔,是沙特阿拉伯第一家国有银行。1997年,国民商业银行重组上市。1999年,沙特阿拉伯政府通过财政部的公共投资基金收购了国民商业银行的多数股份。国民商业银行是中东最大的银行,其资本金为16亿美元,2005年,银行利润为133亿美元。截至2005年底,国民商业银行在全国共有261个分支机构(其中243个提供伊斯兰银行业务),在贝鲁特和巴林设有分行,在伦敦、首尔、东京和新加坡设有办事处。

利雅得银行(Riyadh Bank) 成立于1957年,注册资本500万里亚尔,是沙特阿拉伯最重要的商业银行之一。2007年,利雅得银行本金达132亿里亚尔,资产总额为1 210亿里亚尔,存款总额为843亿里亚尔,贷款总额为673亿里亚尔。该行在全国有300个分支机构,并设有1 560台自动提款机。2007年,该行净利润为30亿里亚尔。

阿拉伯国民银行(Arab National Bank) 成立于1979年,资本金为17.3亿美元,雇员3 532人,位列中东十大银行之一。该行在全国设有143个分行并于1991年在伦敦设立一个海外分行。2007年,该行净利润为6.56亿美元。

沙特英国银行 (Saudi British Bank) 成立于1978年,汇丰集团占40%的股权。由于沙特英国银行只是汇丰的联营银行,所以并未使用汇丰品牌。2007年,该行资本金为60亿里亚尔,资产总额为982

> **【走近沙特】**
> 沙特阿拉伯服务业发达,在国内生产总值中占重要地位,其中旅游业是服务业的重要部门。

亿里亚尔,实现利润26亿里亚尔。截至2007年,该行在全国设有75个分支机构,其中包括12个女士银行,雇员2 865人。该行主要经营商业银行、投资银行及伊斯兰银行业务。

沙特美国银行(Saudi American Bank) 1980年,沙特阿拉伯政府接管花旗银行在沙特阿拉伯的10个分支机构并组建了沙特美国银行,花旗银行占该行40%股份(截至2003年,花旗集团已售出该行全部股份)。1999年,沙特美国银行与联合沙特银行合并并保留沙特美国银行的名称。2006年,该行总资产为1 240亿里亚尔,实现利润72.7亿里亚尔。

沙特法兰西银行 (Banque Saudi Fransi) 成立于1977年,法国农业信贷银行旗下的克莱因银行占其股份的31.1%。该行总部设在利雅得,全国拥有3个地区分行和75个支行以及321台自动提款机。2007年,该行存款总额为740亿里亚尔,信贷总额511亿里亚尔,实现净利润27.11亿里亚尔。

沙特荷兰银行(Saudi Hollandi Bank)成立于1976年,注册资本为4.2亿里亚尔,其前身是由荷兰人在沙特阿拉伯创办的最早的银行,荷兰最大的银行荷兰银行(ABN AMRO)拥有其40%股份。2007年10月,荷兰银行被并购,沙特荷兰银行40%

的股份也被转入由苏格兰王家银行、西班牙国家银行和富通银行组成的财团。2007年,该行雇员为1737人,在全国设有43个分支机构和188台自动提款机。截至2008年,该行总资产为584亿里亚尔,总负债为533亿里亚尔,2008年第1季度实现纯利润6.09亿里亚尔。

贾齐拉银行(Bank of Al-Jazira) 成立于1975年,是沙特阿拉伯重要的伊斯兰银行。2007年,该行资本金为46.8亿里亚尔,资产总额215.6亿里亚尔,净利润8.1亿里亚尔。该行在全国设有24个分支机构和267台自动提款机。

沙特投资银行 (Saudi Investment Bank) 成立于1977年,主要从事商业银行和投资银行业务。2006年总资产为40.8亿里亚尔,净收入为20.06亿里亚尔。

(四)保险业

沙特阿拉伯良好的经济形势以及交通和医疗两项强制保险的推行给沙特阿拉伯保险业的发展创造了良好的条件。2007年,沙特阿拉伯共有42家公司经营保险业务,但2003年颁布的《合作保险法》规定,从2008年4月9日开始,保险公司必须获得沙特阿拉伯货币局授权的经营执照才可经营保险业务,但在办理执照期间,可获得2～6个月的宽限期。截至2008年第一季度,沙特阿拉伯共有13家保险公司获得沙特阿拉伯货币局颁发的从业执照,其中大多具有外资背景。

2007年，沙特阿拉伯总承保保费达到85.8亿里亚尔，比上年增长24%，医疗保险占其中的36%，保费金额为30.65亿里亚尔；其次为交通保险，保费金额为24.4亿里亚尔，占总数的28%。总体来看，强制保险是沙特阿拉伯保费的主要来源，占保费总金额的64%。

2007年，沙特阿拉伯的净承保保费达到55.44亿里亚尔，保费结构与总保费结构类似，其中，医疗保险占总额的43%，交通保险占总额的41%，这两项强制保险的总和占保险总额的84%，其中增长最快的是储蓄保险，增长速度达到了74%。

2007年，沙特阿拉伯的保险深度(总保费与国内生产总值的比率)为0.61%，保险密度(人均保费数)为354里亚尔，比2006年的293里亚尔提高21%。

2007年，沙特阿拉伯的留存比率(净承保保费与总承保

保费的比率)为64.6%,比率较高是因为沙特阿拉伯强制性的交通保险和医疗保险构成保费的65%,而这两个险种留存比率都比较高,2007年两者分别达到94%和78%,除去两大险种,其他险种的留存比例比较低,仅为21%。

2007年,沙特阿拉伯保险业佣金总金额为5.76亿里亚尔,比2006年的4.4亿里亚尔上升31%,其中交保佣金总额为2.3亿里亚尔,约占总数的一半,能源保险佣金总额增长最为迅速,2006~2007年,增长率达到239%。

2007年,沙特阿拉伯保险业理赔总额达到40.6亿里亚尔,较2006年的30.4亿里亚尔增长34%,医疗险和交通险分别构成理赔总额的74%和77%。2007年,理赔额增长速度最快的是医疗保险,2007年为1.9亿里亚尔,较上一年度增长53%。

《合作保险法》规定,只有资本金大于1亿里亚尔的保险公司才可以在沙特阿拉伯经营保险业务,只有资本金大于2亿里亚尔的保险公司才可以经营再保险业务。不过,2007年,沙特阿拉伯42家保险公司大都比较小,资本金小于1亿里亚尔的有35家,资本金大于2亿里亚尔的仅有两家。

合作保险公司 (The Company for Cooperative Insurance) 成立于1986年,其前身是曾经垄断沙特阿拉伯保险业的国民合作保险公司(National Company for Cooperative Insurance),合作保险公司于2004年重组上市,资本金为5亿里亚尔。《合作保险法》出台后,该公司是第一家取得保险业从业执照的保险公司,公司主要经营保险和再保险业务,主保险种为:交通险、海事险、火险、医疗险、工程险、航空险、意外险及伊斯兰保险业务。目前,合作保险公司是沙特阿拉伯规模最大的保险公司,截至2007年底,公司资本金为18.5亿里亚尔,资产总额为53.1亿里亚尔,总承保保费19.1亿里亚尔,实现净利润5.3亿里亚尔。

(五)资本市场

沙特阿拉伯资本市场的监管机构是沙特阿拉伯资本市场局(Capital Market Authority),该机构基于2003年出台的《资本市场法》组建,拥有独立的行政执法权,直接对首相负责。该机构的主要职能是负责资本市场的立法工作,促进有价证券交易的公正、流畅、透明,防范资本市场出现欺诈、非法操作及内部交易等伤害投资者的行为以及监管资本市场经营机构等。

沙特阿拉伯资本市场发展迅速,截至2007年底,沙特阿拉伯共有经纪公司和咨询公司68家,其中经纪公司21家,咨询公司47家。沙特阿拉伯资本市场各项指标均表现良好,截至2007年底,Tadawul综合指数达到11 175.96点,较上年上涨40.87%;商业银行当年购买政府债券1 442亿里亚尔,较上年增加16.9%;专门信贷机构拨放贷款165亿里亚尔,同比增加62%。

1. 证券市场

20世纪30年代,沙特阿拉伯就已出现最初的证券交易,到70年代,随着石油繁荣和外资银行的沙特阿拉伯化,证券市场得到了迅速发展。不

【走近沙特】

石油收入的变化也直接影响沙特阿拉伯经济的发展。石油产量和价格的变化直接影响经济增长率和政府的财政收入。石油工业的发展是其经济多样化发展战略的重要基础,对石化、钢铁、建筑材料、食品加工、机械、化学和金属制造等工业部门以及农业和服务业的发展都具有至关重要的作用。

过沙特阿拉伯的证券市场一度处于无序状态,直到1984年,沙特阿拉伯才成立由财政和国民经济部、商业部、货币机构组成的经济委员会负责国内证券市场的机制建设和立法工作。此后,沙特阿拉伯货币局一直是国内证券市场的监管机构,直到2003年,才将此职能移交给新成立的资本市场局。

2001年,沙特阿拉伯政府采用新型股票交易系统Tadawul交易系统,以取代1990年投入运行的电子证券信息系统(Electronic Securities Information System)。2007年3月Tadawul公司成立,Tadawul是沙特阿拉伯唯一的证券交易所,位列全球第11位,截至2007年底,沙特阿拉伯Tadawul综合指数(TASI)为11175.96点,市值为19463.5亿里亚尔,2007年,该所股票交易量为685.2亿股,交易金额为25577.1亿里亚尔,截至2008年第1季度,共有上市公司115家,该所交易时间为当地时间上午11:00到下午3:30。

沙特阿拉伯证券市场将上市公司分为银行、工业、水泥、服务业、电力、电信、保险业和农业8大板块。以市值来看,工业板块市值最大,2007年市值为5 883亿里亚尔,占总市值的38.8%,其次是银行业和服务业,分别占总市值的30.0%和11.6%。从成交金额来

看，2007年工业板块的成交金额为9 347亿里亚尔，占总成交金额的36.5%，紧随其后的是服务业和农业，分别占成交总金额的32.5%和14.8%。

2．政府有价证券

沙特阿拉伯政府有价证券分为两种：政府发展债券(Government Development Bonds)和国库券(Treasury bills)。沙特阿拉伯政府发展债券建于1988年，当年6月由沙特阿拉伯财政部发行并通过货币局发售。政府发展债券是期限为2～5年不等的付息债券，每周六由沙特阿拉伯货币局与国内商业银行及其他金融机构进行交易。沙特阿拉伯政府债券允许沙特阿拉伯国民和非沙特阿拉伯国民通过国内银行进行购买。货币局与国内银行安排有回购协议，规定市场经营者可以回购拥有债券总数的25%，非市场经营者可以回购拥有债券的10%。截至2007年，沙特阿拉伯12家国内银行中的9家已成为政府发展债券的市场经营者。

沙特阿拉伯国库券于1991年11月推出，以替代1984年推出的银行抵押存款账户(Bankers' Security Deposit Accounts)。沙特阿拉伯国库券分为短期国库券和一年期国库券两类，短期国库券由沙特阿拉伯货币局于每周一与银行进行交易，一年期国库券则在每个月的最后一个周二进行交易。沙特阿拉伯政府对国库券的投资人没有任何限制。为了增加国库券的流动性，沙特阿拉伯货币局与银行安排有国库券回购协议，银行最多可回购持有国库券总数的70%。沙特阿拉伯银行也可向外销售国库券。

沙特阿拉伯政府有价证券的二级市场也已建立，可通过货币局进行交易。2007年，沙特阿拉伯银行持有政府

【走近沙特】

沙特阿拉伯自1980年实现了石油工业国有化以后，随着石油收入的剧增，经济发生了巨大的变化，政府将大量的石油收入用于城市建设和改善人民生活，并投入巨额资金兴建了一批与石油相关的产业，初步形成了以石油为依托的工业体系。

有价证券1 442亿里亚尔,较上年增加17.1%,其中政府发展债券
数额为1 274亿里亚尔,占总数的88.3%。

3.投资基金

沙特阿拉伯的投资基金始于1979年底,当年12月,沙特阿拉
伯国民银行设立了"短期美元基金"。为了规范国内投资基金的运
作,沙特阿拉伯政府于1993年颁布了《投资基金管理条例》。沙特
阿拉伯民间资本丰富,2007年,沙特阿拉伯共有各类投资基金252
个,均由各银行经营,管理的资金总额为1 051亿里亚尔,合280亿
美元,其中沙国内投资占75.8%,国外占24.2%。投资人共41.3万
人。上述资金中投资本地和国外股市的占58.5%,投资于本地
和国外证券市场的占0.8%,投资于本地和国外货币市场的占
31.3%,其他投资占9.4%。

4.专业信贷机构

为了促进本国经济发展,沙特阿拉伯政府设立了一些专业信
贷机构,这些信贷机构的主要任务是向对国民经济十分重要的特

定部门,包括农业、工业、房地产以及向专业性企业和小型企业提供长期贷款。截至2007年,这些专业信贷机构的资产总额已达3 198亿里亚尔,较上年增长17%。2007年,专业信贷机构实际发放贷款总额为165亿里亚尔,较上年增长62.0%,收回贷款总额为71亿里亚尔,较上年增长19.2%。截至2007年底,专业信贷机构未收回贷款总额为1 335亿里亚尔,较上年增长8.0%。

沙特阿拉伯主要的专业贷款机构有:

沙特阿拉伯农业银行 (Saudi Arabian Agricultural Bank) 于1965年正式投入运营,是为全国各种农业活动提供财政支持的政府信贷机构。该行职能是:通过为农民购买农业机械、水泵、牲畜等提供软贷款以支持农业发展,促进农业效率的提高和农业现代化。该行资本金为108.39亿里亚尔。2007年,该行发放贷款6.65亿里亚尔,收回贷款6.84亿里亚尔。截至2007年底,该行未收回贷款总计为94.32亿里亚尔。

沙特信贷银行(Saudi Credit Bank) 成立于1971年,该行资本金为95.9亿里亚尔,专门为本国经济能力有限的公民提供无息贷款,该行对贷款人贷款资格有很严格的要求:确实需要贷款,年收入不超过3.6万里亚尔,没有沙特信贷银行的贷款并须遵守信贷银行的特殊条款,而且每笔贷款的金额都不超过2万里亚尔。该行主要提供婚姻贷款、房屋维修贷款、家庭贷款(应付基本生活开支)、职业贷款等。2007年,该行发放贷款10.40亿里亚

【走近沙特】

为摆脱对石油的单一依赖性,近年来,沙特阿拉伯政府积极采取了一系列措施,注意产业结构的调整,加大对农业和服务业的投入,加快了对现代化的港口、公路、机场、海水淡化等基础设施的建设,积极发展钢铁、炼铝、水泥、海水淡化和电力工业等非石油产业,依赖石油的单一经济结构有所改观。

尔,收回贷款5.54亿里亚尔,净贷款4.86亿里亚尔。截至2007年底,该行未收回贷款总计为17.99亿里亚尔。

公共投资基金(Public Investment Fund) 成立于1971年,主要是为企业因资金或者经验不足难以独立投资的,对国家发展至关重要的商业项目和生产项目提供金融支持。2002年起,该基金开始与相关部委协作促进本国的私有化进程,2006年,基金资本金增至200亿里亚尔。2007年,该行发放贷款70.06亿里亚尔,收回贷款22.56亿里亚尔,净贷款47.5亿里亚尔。截至2007年底,该行未收回贷款总计为225.67亿里亚尔。

沙特工业发展基金(Saudi Industrial Development Fund) 成立于1974年。2005年,资本金为200亿里亚尔。基金旨在为本国工业的基础建设提供支持,其职能主要是向私人工业项目提供中长期软贷款及管理、金融、技术、营销服务。基金可以为符合要求的企业发放最长为15年,最多为

【走近沙特】

　　沙特阿拉伯建造了大量的居民住房、学校、医院、办公和旅游场所。人民生活水平得到大幅度提高,进入了世界富裕国家行列。同时不断地扩大对外开放的领域并加快私有化的进程。

项目所需资金50％的贷款。2007年,该行发放贷款42.44亿里亚尔,收回贷款15.25亿里亚尔,净贷款27.19亿里亚尔。截至2007年底,该行未收回贷款总计为138.57亿里亚尔。

　　房地产发展基金 (The Real Estate Development Fund)　1976年正式投入运行,基金主要是为沙特阿拉伯公民建造房屋提供贷款服务,基金最初资本金为2.5亿里亚尔,随后追加到827.69亿里亚尔。2007年,该行发放贷款35.58亿里亚尔,收回贷款20.39亿里亚尔,净贷款15.19亿里亚尔。截至2007年底,该行未收回贷款总计为733.93亿里亚尔。

第四节　财富达人的致富之道

财富小故事

一个炒股新手的成功总结

在事业单位上班的王女士,业余时间较多,而且又有一定的经济基础,于是她尝试炒股。可是她的第一次炒股经历是失败的,主要是由于自己的草率和冲动。王女士第一只股票是用12.6元的价格买入的某钢管股份,当时买入了500股,没想到遭遇了股价的暴跌,从12.6元一路跌到了不到6元,解套后马上卖掉了全部股票,结果损失过半。

有了第一次的惨痛教训,王女士并没有退出股市,反而重新总结自己的失败之处。于是她从股票的基本知识学起,在之后的5年时间里,王女士越来越熟悉市场的运作,并能洞察市场的细微变化,慢慢开始步上正轨,且每年都保持着不低于12%的投资收益,在最高峰的时候,其资产达到了6位数。后来王女士干脆放弃了公务员的工作,转而进入了一家证券营业部,开始全力投入股市。王女士开始为很多人开展代客理财业务,管理的资产已超过600万元。

王女士总结成功的三个原因:一是没有把股票当作生活的全部;二是自己肯学习,拥有丰富的理论知识和实际操作经验;三是

【理财密码】

股票对于现在的"80"后来说并不陌生，2008年的牛市让很多参与其中的"80"后也见识到了股票的魅力。如果你手中有一定的积蓄，进军股市也不失为一种理财的好方法。

自己有信心有耐心从熊市里走出来，从失败中站起来。

购买股票流程

熟悉购买股票的流程是进军股市的第一步。股票不像市场上的普通商品，可以到商场随意进行购买，它的购买需要遵守特定的程序和规则。

1.办理上海、深圳证券账户卡

开立资金账户和股票交易账户。炒股需要先开户，股票账户可分为个人账户与法人账户两种，可以到证券公司的营业部柜台办理开户手续，柜台营业员会帮助用户办理相关事宜，一些可以开通银证通的银行也可代理开户。

投资者如果要进入股市进行交易，首先应办理证券账户卡。办理上海证券账户卡和深圳证券账户卡都需要相关的证件及手续。

2.证券营业部开户

投资者办理好上海、深圳证券账户卡后，还需要到证券公司营业部柜台或指定银行代开户网点办理开户，然后才能买卖股票。在证券营业部开户的具体程序如下。

（1）提供证件：个人开户需提供身份证原件及复印件，深、沪证券账户卡原件及复印件；法人机构开户需提供法人营业执照及复印件，法定代表人证明书，证券账户卡原件及复印件，法人授权委托书和被授权人身份证原件及复印件，单位预留印鉴，B股开户还需提供境外商业登记证书及董事证明文件。

（2）填写资料：填写开户资料并与证券营业部签订《证券买卖委托合同》或《证券委托交易协议书》，同时还需签订《指定交易协议书》。

（3）开设资金账户：证券营业部为投资者开设资金账户。

（4）选择交易方式：在开户的同时，投资者还需选择今后采用的交易手段和资金存取方式，并与证券营业部签订相应的开通手续及协议，如电话委托、网上交易、手机炒股和银证转账等方式。

3.开通"银证通"

开通"银证通"时需要到相应的银行办理相关手续，具体的程序如下。

（1）选择交易方式：在开户的同时，投资者还需选择今后采用的交易手段和资金存取方式，并与证券营业部签订相应的开通手续及协议，如电话委托、网上交易、手机炒股和银证转账等方式。

（2）开户手续：持本人有效身份证件、银行同名储蓄存折及沪、深股东代码卡到已开通"银证通"业务的银行网点办理开户手续。

（3）填写表格：填写《证券委托交易协议书》和《银券委托协议书》。

（4）设置密码：表格经过校验无误后，当场输入交易密码，并领取协议书客户联，此时即可查询和委托交易。

（5）开通"银证通"后，用户可以享受以下服务：

进行深沪A股、债券和基金交易。

银行账户资金存取、转账、消费和支付的全部服务。

自动挂接证券保证金账户，可以储蓄和炒股两用。

通过电话、互联网和手机均可完成交易。

提供资深专家在线理财和个性化服务。

> **【理财密码】**
>
> "银证通"也可以称作银券通，是指在银行与证券商联网的基础上，投资者直接利用在银行各网点开立的活期储蓄存款账户卡或存折作为证券保证金账户，通过银行的委托系统或证券商的委托系统进行证券买卖的一种新型金融服务业务。

【理财密码】

熟能生巧，掌握了股票买卖操作中的一些原则和技巧是非常有必要的，它不仅能规避风险，还有事半功倍的效果。

4.选择适合自己的股票

由于人的性格、能力以及兴趣爱好等心理特征各不相同，所以，从心理健康角度而言，并非人人都适合炒股，以下几种性格的人就不太适合炒股。

（1）环型性格

这种性格的人通常表现为情绪极不稳定，神经敏感，自控能力差，情绪容易受股市行情的影响。股票上涨的时候兴高采烈，忘乎所以；而股票下跌时就睡不着觉，灰心丧气，甚至一蹶不振，怨天尤人。

（2）偏执性格

这种性格的人表现为个性偏激，骄傲自满，刚愎自用，常凭自己的片面判断买进股票，听不进任何忠告。当其碰壁或失败时，往往容易迁怒于他人。

（3）懦弱性格

表现为随大流，缺乏自信和主见，总是依赖别人，遇事优柔寡断，总喜欢按别人的意见做事，入股市则会盲目跟风，人云亦云。选好的股票改来改去，这样只能与好股擦肩而过，后悔不迭。

（4）追求完美性格

这种性格的人喜欢追求十全十美，即目标过高，稍有不足，便会耿耿于怀，怨天尤人。怀有投机、赌博等心理，往往不走运时不能释怀。

选择了一只好股票，带来的是丰厚的利润，选择了一只坏股票，带来的是风险和损失。选股的重要性显而易见。

如何选购股票

选购股票的方法有许多，如看趋势选股，看时间选股，看盘面选股以及看资讯选股等，下面就对这几种选股方法进行具体介绍。

1.看趋势选股

关口就是因某种市场因素导致股价可能继续涨或跌的价格因素。根据关口形成、产生的背景和前提的不同,主要分为以下几种。

(1)历史关口

因某种市场因素导致股价在某阶段形成相对的高低点,一般情况下,其距当前时间越近就越不易被突破,相反则可能难以成为阻力位。

(2)密集区关口

涨跌起伏股价在某阶段形成的虽小,但波动频率相对较大的时刻一旦被逾越,行情将顺势展开。

(3)心理整数关口

一般逢5和0的整数价位在市场人士心目中有一种阻尼的魅力,或认为其暂时不可逾越,或认为一经逾越则势不可当,但往往是心理因素大于实际。

(4)技术关口

该概念内涵较复杂,"关口"概念本身就属于技术分析范畴,所以通常要看其具体用在何处,如指标位置、形态分析、波浪理论或其他分析。

2.看时间选股

只有先学会看盘才能过渡到分析,才能有望在股票市场上赚钱。目前受消息面影响是事实,但一切消息都在盘面上体现,因此盘面最真实。

如果您会看盘,就会买到低价,卖到高价。

如果您不会看就只能追涨杀跌,一买就跌,一卖就涨。

【理财密码】

沪深所交易日为每周一至周五，国家法定假日和本所公告的休市日，不进行任何交易。在交易日内的9:15～9:25为开盘集合竞价时间，9:30～11:30、13:00～15:00为连续竞价时间，开市期间停牌并复牌的证券除外。根据市场发展需要，经证监会批准，可以调整交易时间。

3.看盘面选股

相对于高手看盘而言，普通股民看盘水平的高低会直接影响其短线盈亏，即使是中线投资者也不能忽视其存在价值。如果中线投资者在较高位介入，却不懂如何利用高抛低吸降低成本，即使获得一定的收益，也不能称其为合格的投资者。

4.看资讯选股

股市是市场经济的窗口，经济的晴雨表，经济活动中最敏感的市场。

案例：小施在股市吃了"贪"的亏

小施是个比较"贪"的人，前两年手里的股票涨了80％也不卖，想等着它翻几番，谁知道后市股指一路下跌，她的"胜利果实"就像自由落体，一落千丈。到了不赔不赚的时候，她终于沉不住气了，忍痛作了平仓处理。

看到那几天小施像丢了魂一样，每天唉声叹气的，朋友便劝她换种思路，稳健理财，以储蓄、国债为主。但银行存款和国债利率，相对于股票来说太没有吸引力了。

年初的时候小施止不住诱惑又跟着买了一支"稳涨股"，一共投进去2万元，一个月的时间就净翻了一倍。这下小施可尝到了甜头，直后悔当初胆子太小，没有及早进股市。小施决定把本打算结婚用的20万元投入到股市里。但是小施买的那支股除了开始的那几天有所上涨，之后就一路狂跌不止，现在小施是睡也睡不着，吃也吃不好，只巴望着股票快点上涨，好捞回点本钱。

第二章 沙特财富的发展

　　沙特阿拉伯的石油储量和产量位居世界前列,石油工业是沙特阿拉伯产业结构中的第一大产业,占 65.9%。石油是沙特阿拉伯经济发展的支柱产业, 长期以来一直占 GDP 的 50%左右,石油出口收入是沙特阿拉伯政府财政收入的主要部分,长期以来占其总出口收入的 90%。

　　人都是具有两面性的，正如再坏的人都会有好的一面，再好的人都会有自私的时候一样，人的特性都有两面，比如你的孝顺、善良是好的一面，这些优秀的品德会促使你在拿到薪金的时候，自愿地把钱拿出来孝顺父母、与朋友分享；但是相反的一个方面，人的私心会让我们在心理上有独自占据劳动成果的冲动，这个时候所有思考问题的角度，都会从满足自身利益出发，在满足自己利益最大化，同时不让自己得到的利益受到威胁的时候，才会愿意站在别人的立场上考虑问题。而人性的特点是，绝大多数人都是必须首先满足自身的需求，才可能表现出善良的一面，同时只有懂得爱护自己的人，才会懂得如何爱别人。

第一节　石油工业的经济潜力

石油是沙特阿拉伯经济发展的命脉。

1．收回石油资源的主权为经济发展积累资金

沙特阿拉伯经济发展的资金积累主要来自石油收入。沙特阿拉伯在建国初期是一个以游牧经济为主的封建王国,极其贫困落后。随着石油的发现,特别是第二次世界大战后,外国石油公司在沙特阿拉伯大量开采石油,沙特阿拉伯的石油工业得到迅速发展。石油产量迅速增加,石油收入成为政府财政收入的主要来源。1948年,政府岁入有67.4%来自石油。然而,尽管沙特阿拉伯的石油产量不断增长,一方面由于石油收入被阿美石油公司所把持,长期处于不合理状态,另一方面由于西方石油公司长期压低国际石油价格,因此沙特阿拉伯方面所得到的石油收入甚少,经济发展缺乏资金的状况十分严重。为了收回石油权益和增加本国的石油收入,沙特阿拉伯进行了长期不懈的斗争。正是这一斗争的节节胜利,使沙特阿拉伯的石油收入不断增加,逐步解决了经济发展的资金积累问题。在一定程度上可以说,沙特阿拉伯的经济资金积累历史,就是一部石油斗争的历史。

2世纪50年代以前,沙特阿拉伯的石

【走近沙特】

随着巨额石油收入的增加,沙特阿拉伯政府为了使国民经济获得多样化的发展,顺序制定了五年发展计划,依靠大量增加的石油收入扩大政府的公共开支,发展经济文化和社会福利事业,增强防御力量。

油生产和收入主要由阿美石油公司控制,阿美石油公司支付给沙特阿拉伯政府的油田使用费只相当于其所得利润的1／10。再加上沙特王族和沙特阿拉伯政府开支较多,财政入不敷出,政府财政收入困难,经济发展缺乏资金。为了改变这种状况,沙特阿拉伯经过激烈的斗争,于1950年与阿美石油公司签订了中东地区的第一个平分利润的协定,由于外国石油公司的种种刁难,沙特阿拉伯实际上拿不到一半利润,但这一协定仍然使沙特阿拉伯方面的石油收入有了比较明显的提高。1960年沙特阿拉伯同其他4个产油国一起,为了与长期压低石油价格的西方公司作斗争,成立了石油输出国组织(OPEC)。1965年,沙特阿拉伯又与阿美石油公司签订了一项新的将油田使用经费化的协定,为此,沙特阿拉伯政府1965年增收了3200万美元。特别是进入20世纪70年代,石油输出国组织为弥补美元贬值所造成的巨大损失,加紧了与西方石油公司的斗争。70年代初期,沙特阿拉伯等石油输出国组织成员国

迫使西方石油公司签订了日内瓦协议,将海湾地区原油标价提高8.4%。1973年6月,又签订第二个日内瓦协议,原油标价提高11.9%。1973年十月战争期间,沙特阿拉伯同海湾其他产油国一起使用"石油武器",实行禁运、减产、提价等措施,致使国际石油价格大幅度提高。1973年10月,将油价从每桶3.011美元提高到5.199美元,1974年1月再次提高到10.95美元,沙特阿拉伯的石油收入也由此开始猛增。在使用石油武器的同时,沙特阿拉伯也同其他石油输出国一起,开始通过参股的方式逐步收回被外国石油公司霸占的石油工业的所有权。1974年6月,沙特阿拉伯同阿美石油公司签订新的增股协定,将沙特阿拉伯的股份从25%提高到60%。

从50年代到70年代,沙特阿拉伯采取稳定油价、提高石油税率的石油政策,与第三世界其他产油国一道为维护石油权益,争取合理的石油收入进行了斗争。石油收入在岁入中的比重得到提高。到1957～1958年这一比例已经提高到86.6%。60年代末,其石油收入达到9.49亿美元,占财政收入的90%以上。到1997年这一比重虽然稍有降低,但也达到78.7%。2007年,石油收入仍占政府财政收入的90%。所以对沙特阿拉伯来说,石油收入就是其经济命脉。

20世纪70年代初到1975年,沙特阿拉伯通过参股的方式逐步在石油部门实现国有化,收回石油主权;利用"石油武器"打击美国和支持美国侵略的国家;掌握石油生产权和价格决定权,提高产量和油价为经济发展积累资金。经过斗争,1980年沙特阿拉伯终于实现了石油的全部国有化,使石油权益最终回到了自己的手中。宣布了长达43年的石油租让制彻底崩溃,并为自身石油

【走近沙特】

　　20世纪70年代,沙特阿拉伯先后实行了两个五年发展计划,在此期间既强调了依靠大量石油收入来保持较高的经济增长率,又注意使国民收入来源多样化,增加非石油部门在国内生产总值中所占的比重,减少对石油的依赖。

工业的发展创造了有利的条件。石油工业的国有化标志着石油这一民族资源的权益全部回到沙特阿拉伯的手中，也标志着沙特阿拉伯完全控制了该国这一最重要经济部门的资金积累手段。

随着石油斗争的节节胜利以及石油产量的提高，沙特阿拉伯的石油收入和资金积累迅速增加，并且出现了几次跃升式的增长。20世纪50年代的利润对半等分斗争胜利，直接导致其石油年收入从5 000万美元以下跃升到1 000亿乃至数千亿美元。在石油大幅度提价的同时，还大幅度提高了原油产量以供应世界市场，产量从1970年的1.9亿吨迅速增加到1974年的4.2亿吨。石油收入1975年为257亿美元，1991年为479亿美元，2005年为1 446亿美元，2008年已达2 600亿美元。沙特阿拉伯于是成了举世瞩目的"石油王国"。

由于沙特阿拉伯的石油开采成本极低，因此这些资金中绝大多数都是净获利。在世界上，在如此短的时期内，实现如此巨额的

资金积累的现象是十分少见的。随着石油资本的积累,其经济财政状况发生了巨大的变化。不仅一举甩掉了资金紧缺的帽子,而且由于国内的资金吸收能力有限,巨额石油收入在满足国内投资和消费需求之外仍然无法用尽,因此出现了巨额的资金盈余。这种资金盈余反映在国际收支经常项目出现了巨大顺差,沙特阿拉伯的国际收支经常项目顺差到1976年高峰时已达503.15亿美元,2008年达到1 334.7亿美元。沙特阿拉伯由一个资金短缺的国家变成一个可以大量输出资金的国家。可以说,与其他发展中国家相比,这种以石油作为经济支柱而形成的资本积累是独一无二的。

2．石油工业政策

随着沙特阿拉伯作为"超级石油大国"的崛起,在国际石油贸易中的重要地位日益提高。沙特阿拉伯石油的储产销量均居世界首位。由于人均石油储产量高,而国内吸收石油资金的能力有限,拥有巨额的石油美元,所以具有大幅度调整其原油供应量的财政实力,在大幅度调整石油工业政策时没有后顾之忧。此外,沙特阿拉伯政府善于调节市场供求关系来达到自身的政治经济的目的,并以此维护自身的利益。因此,在一定程度上,沙特阿拉伯对欧佩克,乃至对世界石油市场的演变有着举足轻重的作用。纵观世界石油市场的风云变幻,沙特阿拉伯作为世界石油储产量位居最前列的国家以及欧佩克最重要的成员国,其石油工业政策的变化对世界石油市场及价格都有着举足轻重的影响。

(1)60年代减产提价政策。20世纪60年代,沙特阿拉伯率先与委内瑞拉

【走近沙特】

沙特在第一个五年发展计划期间(1970～1974),政府共拨款431亿多沙特阿拉伯里亚尔,约合115亿美元,其中经常项目开支共229亿多沙特阿拉伯里亚尔,工程项目开支共183亿多沙特阿拉伯里亚尔。计划实施的结果是国内生产总值的增长率超过预计的9.8%,达到13.5%。

等国一起把分散的、以争取提高石油税率为目标的石油斗争政策转变为联合的,有组织的以稳定石油价格来维护自身石油收入为目标的石油斗争政策,创建了欧佩克(即石油输出国组织)。制定了新的石油战略:即把原定的用配额控制产量来稳定油价的不触及所有权和定价权的政策,转变为收回所有权和定价权,并通过减产等手段来逐步提高油价的新战略。

(2)70~80年代增产压价政策。在1973年十月战争中,沙特阿拉伯作为首屈一指的石油输出国,凭借当时石油产量占阿拉伯国家日产量的41%和实际减产量占阿拉伯国家减产量的50%这一条件,对阿拉伯产油国的减产和禁运产生了决定性的作用,使欧佩克得以制定并实行大幅度提高油价的政策。

1974~1978年,由于沙特阿拉伯坚持采取增产压价政策以抵制激进派的减产提价做法,使欧佩克在此期间实行了基本冻结油价的政策。

1979~1981年9月,由于伊朗伊斯兰革命的爆发使世界石油市场日供应量突然减少大约500万桶,为了防止油价的过快升高,沙特阿拉伯实行了高产量、高输出、高供应的政策,把原油日产量从720万桶提高到1 050万桶,使世界石油市场的短缺得到60%的补充,以后又在长达3年之久的时间内保持日产1 000万桶左右的生产水平。这抑制了石油现货市场价格暴涨的势头,使欧佩克内部一味主张低产高价的国家受到一定的限制,欧佩克因而在3年内不能制定统一的油价政策,实际上维持了沙特阿拉伯所希望的低油价。另一方面,油价低走,导致了西方石油消费国石油库存量的激增,为其利用抛售和动用库存石油来迫使欧佩克降低油价创造了条件,使欧佩克于1983年3月不得不在历史上第一次大幅度降低油价。

(3)1981年底~1985年9月,减产保价政策。1981年底~1985年

9月,沙特阿拉伯的石油政策是由高产转变为限产;放慢经济发展速度,紧缩开支;实行经济多样化。

20世纪80年代开始,随着两伊石油生产的逐渐恢复,一些非欧佩克产油国的生产增加,再加上西方经济由于两次石油危机的冲击遭受了损失,经济出现滞胀,石油需求量下降。世界石油市场石油供过于求,油价低迷。为维护经济发展,沙特阿拉伯被迫将高产政策转变为大幅度减产、限产,以促使油价回升。1982年,沙特阿拉伯平均日产量降到650万桶,经济发展遭受到严重阻碍,由于产量减少。石油出口收入急剧下降,从1981年的1 130亿美元降低到1985年的210亿美元。

1983年3月以后,世界石油市场持续滞销,西方政府和石油公司大量动用库存抛售石油,一些产油国也竞相降价,抛售石油,油价战迫在眉睫。此刻,沙特阿拉伯一改往日的高产量高供应政策,实行大幅度减产,按市场需求灵活地调节其石油产量,使欧佩克

的油价结构得以维护,避免了油价战。

(4)1985年9月~1986年底,增产保额政策。沙特阿拉伯的石油政策是放弃限产政策,提高生产以增加市场份额,并以净回值的方式向西方出口原油。在沙特阿拉伯实行限产政策的时候,欧佩克一些成员国私自降低油价,违反限产政策。1985年10月,沙特阿拉伯为争取失去的市场份额,也放弃了限产政策,增加日产量100万桶,还以"净回值"的新贸易方式,变相降价,扩大出口。1985年12月欧佩克宣布实行维护石油市场合理份额的新战略,于是,油价从每桶28美元降为每桶10美元。

(5)1986~1989年底,限产保价政策。1986~1989年,沙特阿拉伯的石油政策改用"限产保价"以阻止油价下跌;在油价和市场份额谁优先的问题上,沙特阿拉伯政府根据市场供求关系的微妙变化,采取了灵活的交替方式,以逐步达到既保油价又占份额的目的。

1986年油价暴跌使沙特阿拉伯损失惨重。石油日产量虽比1985年上升50%,但石油收入却下降56%。1986年8月沙特阿拉伯减少石油供应并停止现货贸易,石油政策从市场份额第一,油价第二向限产保价转变。1987年初,欧佩克重新恢复限产保价和固定官价制后,世界石油市场上油价止跌为升。此时,沙特阿拉伯又削减生产14.9%,为稳定油价起到了重要作用。1987年下半

【走近沙特】

沙特在第二个五年发展计划期间(1975~1979),共拨款4982亿多沙特阿拉伯里亚尔。其中,经济和社会发展各项拨款所占的比重增加到63%。在这个发展计划实施过程中,开支大大超出了原来规定的拨款数字。第3年开始出现财政赤字,第4年赤字达42亿美元。4年的支出几乎达到了预计5年的拨款数字。计划执行结果,前4年国内生产总值的平均年增长率达到9.2%。在前3年或前4年,石油和制造业没有达到预定的增长率。但非石油私营部门、建筑业、运输、通信和仓库业等部门平均年增长率则比预计的高。

年,因美国宣布为科威特油轮护航、麦加事件等一系列突发事件导致石油市场的动荡,油价上涨。沙特阿拉伯和科威特等欧佩克成员国在高油价的驱使下,超配额生产,致使油价再次下跌。到1987年底,由于美元汇价下滑,欧佩克每桶原油平均价格下跌到大约15美元。欧佩克内部纷争再起,伊朗等国要求提高油价,沙特阿拉伯则坚决反对提价,坚持随油价趋势而增减产量的政策。而1988年7月,沙特阿拉伯放弃了限产促价政策,实行市场份额第一的政策,开始增产。

(6)1989～1994年,增产扩额和稳产保价政策。1989～1994年,沙特阿拉伯的石油政策是增加产量、扩大市场份额和稳产保价的灵活政策并行。

由于各产油国都超配额生产,世界石油市场供大于求,出现了市场疲软,油价下滑,在1990年第二季度转入用油淡季后,出现了大量石油过剩。据美国《油气杂志》报道,欧佩

克1990年上半年的石油平均日产量达2394.4万桶，比其日产2250万桶的生产限额多144.4万桶。而此时石油市场对欧佩克的石油需求量约为每日2250万桶。大量石油的过剩，对油价造成很大的压力。西方工业国家也乘机以每日80万～90万桶的速度增加石油储备，而高额石油储备又反过来威胁油价，石油价格一跌再跌。欧佩克7种市场监督原油一揽子平价每桶由1990年3月底的17.26美元跌到6月第三周的13.6美元。欧佩克呼吁其成员国减产保价，但未能奏效，随即便爆发了海湾危机。

由于海湾危机发生在世界最大的石油供应地，致使世界石油市场激烈动荡，油价在近两个月时间内迅速高涨，突破每桶40美元大关。沙特阿拉伯实行增加产量扩大市场份额的石油政策，补上了因联合国制裁伊拉克造成的石油市场上伊—科每日400万桶的缺额，平抑了油价的涨势，又取得了市场份额。此间沙特阿拉伯的平均日产量从1990年8月的540万桶上升到12月的828万桶。

为了维护国际油价的相对稳定，当国际油价高涨的时候，欧佩克也采取过重大的增产措施，把油价重新拉回到合理的水平上。在1990年伊拉克入侵科威特以后，以及1991年海湾战争爆发的时候，国际石油供应一时出现严重短缺，导致油价飞涨，而欧佩克及时采取扩大乃至临时全部放开限额管制的措施，使国际油价暴涨的局面很快得到平息。

海湾战争的发生，使油价回落，到1994年油价降到5年来最低点。沙特阿拉伯出现了资金短缺，为此，沙特阿拉伯实行随着世界石油消费量的提高给供应造成的压力，通过稳定产量来促使价格

【走近沙特】

　　1980年沙特阿拉伯开始实行第三个五年发展计划。这个计划更着重于使经济多样化。计划支出总额为7830亿沙特阿拉伯里亚尔。在此发展计划期间，增加了海水淡化厂、水坝、水利系统的建设。石油矿业总公司国内炼油能力将达到每日64万桶。润滑油生产从年产15亿桶增加到20亿桶。农业方面，小麦的年产量增加到19.8万吨，蔬菜、水果、肉类、奶制品等都有很大的增长。

上涨,而不拘泥于市场份额的灵活的政策。随后,沙特阿拉伯为巩固其作为世界最大产油国的地位而提前完成了扩大石油生产能力的计划,其生产能力的扩大具有备用供应,在其他地方出现供应中断时起缓冲作用。

(7)1995年以后,稳产保价、增产扩额及积极发展经济多元化政策。1995年以来,沙特阿拉伯的石油政策除在稳产保价、增产扩额以外大力发展石油的跨国经营,对外国资本开放油田开发,同时注意发展经济多元化。1995年以后,随着亚洲金融危机的发展,该地区一些国家实行紧缩政策,经济增长减缓,对石油的需求减少;产油国的超配额生产以及世界石油库存饱和,无法吸收市场供应量;近几年连续出现的厄尔尼诺现象导致的暖冬等因素综合作用使石油供大于求加速扩大。石油价格一跌再跌,1998年底,跌破每桶10美元大关。油价持续下跌,使沙特阿拉伯经济遭受很大损失,石油收入大幅度减少,1998年比1997年减少120亿美元,1998年度政府财政预算出现95亿美元的赤字,约占国内生产总值的7%。长期的油价低迷导致的财政赤字使沙特阿拉伯油田开发资金严重不足。由于石油资源的不可再生性,它的需求终会恢复,世界性原油供应紧张的局面还会出现,所以扩大油田的开发对沙特阿拉伯恢复经济发展来说至关重要。为此,沙特阿拉伯作出了对外国资本开放油田开发的面向21世纪的新的石油政策,这也是自20世纪70年代初油田收归国有后时隔25年沙特阿拉伯首次对外国资本开放本国油田的开发。这项政策弥补了由于财政赤字导致油田开发资金不足的缺陷,使沙特阿拉伯能够提高产能,达到其保持世界最大产油国的目的。沙特阿拉伯为了加强其在世界石油市场的地位,并在国际石油区域发挥与日俱增的影响,在20世纪90年代开始后,大力发展石油的跨国经济。为保证石油跨国经济取得结构优化的效益,经营范围包括了石油上下游各部门。重视炼油厂的建设，以开拓本国原油的销路。沙特阿拉伯为配合和适应其国内石油上游部门经营的需要，要求本国所产原油有一半以上在自有的炼油厂加工成为油品进入国际市场，以大幅度增加附加值，提高石油收入。所以沙特阿拉伯对海外炼油经营特别重视，在美国、韩国、菲律宾、印度、中国、希腊等国都投资合营炼油厂，并进行炼油能力大规模扩建工作。沙特阿拉伯在韩国合营的炼油厂，加工能力从36.5万桶／日扩大到52.5万桶／日，1997年1月，沙特阿美石油公司同葡萄牙国有的汽油公司签订了初步协议，将购买后者30%～35%的股权，并供应其需要原油的20%。

为实现生产要素的最佳配置，达到提高经济效益的目的，沙特阿拉伯积极采取灵活多样的经营方式，多渠道地拓展跨国经营。沙特阿美公司在巴拿马购买容量为520万桶的贮油库以方便在美国的石油加工和销售活动。

为取得科技进步的效益，提高石油制品的质量，以利于参与国际竞争，沙特阿拉伯的炼油厂都尽可能采用最新的先进技术装备。

为保证石油跨国经营的顺利进行，直接依靠国家力量的支持，经营实体以国有公司为主，同时积极鼓励本国私人资本参与海外石油投资经营。与此同时，沙特阿拉伯政府还鼓励本国私人参与海外石油投资经营，使之发展成为对外经济合作的一支重要力量。如沙特阿拉伯私营的尼米尔石油有限公司在罗马尼亚进行油气勘探。

(8)2007年，减产保价政策。2007年的金融危机已经严重打击了包括美国、欧盟、日本等发达经济体的实

【走近沙特】

20世纪80年代开始，随着伊拉克和伊朗石油生产的逐渐恢复，一些非欧佩克产油国的生产增加，再加上西方经济由于两次石油危机的冲击遭受了损失，经济出现滞涨，石油需求量下降。世界石油市场石油供过于求，油价低迷。沙特阿拉伯经济发展遭受到严重阻碍，由于产量减少，石油出口收入急剧下降，从1981年的1 130亿美元降低到1985年的210亿美元。

体经济,短期内国际金融市场的稳定和投资者的信心可能很难恢复。这使得其对石油的需求进一步下降,进而大大制约世界石油需求的增长,影响国际石油市场整体供求形势,使石油市场呈现供大于求的局面。

从2008年7月4日欧佩克一揽子石油价格创下140.14美元／桶的历史纪录后,欧佩克油价一路下滑,特别是在10月8日,欧佩克油价跌破了成员国的心理底线80美元／桶,此后一周出现加速下滑的态势,10月16日已经跌到63.34美元／桶,回落到了2007年5月初的水平,一周内的跌幅超过15美元,到10月23日的60.27美元／桶,跌幅将近80美元。跌速超过了欧佩克成员国能够承受的程度。为了维护其利益,沙特阿拉伯再次采取了减产的政策,试图以此阻止石油价格的进一步下滑。

油价的下跌导致沙特阿拉伯财政收入减少,而减产政策也严重制约了沙特阿拉伯经济的发展,同时威胁着欧佩克石油及天然

气下游项目的投资计划,可能使一些项目遇到融资问题。石油收入的急剧减少难以支撑其高福利政策并难以解决所面临的严峻的经济社会问题,对缓和国内矛盾,实现政治社会的稳定产生了负面影响。

由于金融危机的影响,油价下跌,经济增长受挫,GDP增长率急速下降为0.2%。GDP总量从2008年的4 750.9亿美元下降到2009年的3691.8亿美元,人均GDP也从19 151美元下降到14 530美元。

3.沙特阿拉伯主要油气田及主要石油公司

沙特阿拉伯石油的主要产区位于东北部,其油气储产量占沙特阿拉伯目前储产量的绝大部分。沙特阿拉伯共有87个油气田,其中74个为油田,13个为天然气田。主要油田是加瓦尔、萨法尼亚、布盖格、贝利、玛尼法、祖卢夫、谢巴、阿布萨法、胡尔塞尼亚等超巨型和巨型油田,合占该国石油储量的50%以上。其中加瓦尔是世界上最大的陆上油田,萨法尼亚是世界上最大的海上油田,其产量主要由沙特阿美公司控制。该公司的石油产量约占沙特阿拉伯石油总产量的95%以上,其余的产量来自格蒂石油公司和阿拉伯石油公司。沙特阿拉伯生产的石油从重质油到超轻质油都有,在沙特阿拉伯石油总生产能力中,有65%～70%为轻质油,其余的为中质油或重质油。

【走近沙特】

为了改变这种状况,在1985～1989年的第四个五年发展计划中,总投资比上一个计划减少230亿美元。政府对行政开支和非生产性开支进行了压缩,注意逐步改变单纯依赖石油收入的状况,鼓励私营企业,加强非石油生产领域的工业基础。虽放慢了经济发展速度,但仍将继续实行经济多元化。

(1)加瓦尔油田(Ghawar)

加瓦尔油田位于沙特阿拉伯东部,距海湾西海岸约100千米。加瓦尔油田发现于1948年,1951年投产,石油可采储量700亿桶,为世界上最大的陆上油田。该油田为一个巨型的呈南北走向的含油背斜构造,构造长

250千米,最宽25千米,由8个产油构造组成。主要产层为侏罗系的阿拉伯组D段的碳酸盐岩。该油田约占沙特阿拉伯总产能的一半,产量约500万桶／日。

(2)萨法尼亚油田(Safaniya)

萨法尼亚位于波斯湾的沙特阿拉伯海域,向北延伸到沙特阿拉伯与科威特的中立区,发现于1951年,1957年投产,石油可采储量为190亿桶,天然气可采储量为3 300亿立方米。该油田是中东地区在海上发现的第一个油田,也是迄今为止世界上最大的海上油田。该油田长约70千米,产层为中、下白垩系,深度1 600米,2007年石油产量100万桶／日。

(3)玛尼法油田(Manifa)

玛尼法油田位于沙特阿拉伯东北部,萨法尼亚油田以南。该油田发现于1957年,1998年原油探明可采储量是174亿桶,是一个海上超级大油田。该油田长35千米,与海岸线平行,主要产层是白垩系,埋藏深度2 300米。

(4)布盖格油田(Abqaiq)

布盖格油田位于沙特阿拉伯东海岸,发现于1940年,1946年投入开发。估计原油储量170亿桶,属于超巨型油田。该油田是一呈北东向的背斜,长约50千米。有3个侏罗系产油层和深部二叠系产气层,石油产量40万桶／日。

(5)贝利油气田(Berri)

贝利油气田位于沙特阿拉伯达曼西北部约80千米的陆上,发现于1946年,1967年投入开发。已发现8个含油层段,估计原油探明可采储量122亿桶,天然气探明可采储量1 019亿立方米,是沙特阿拉伯海上超级大油气田。

【走近沙特】

1975年,沙特阿拉伯仅有工厂473个,总投资99亿美元。到1994年,已经有工厂2100多个,总投资1400亿里亚尔,非石油工业产品年出口额已超过100亿里亚尔,销往70多个国家。非石油工业产值在国内生产总值中所占的比重已超过10%。

(6)祖卢夫油田(Zuluf)

祖卢夫油田位于萨法尼亚海上油田东北方向海域，发现于1965年，1973年投入开发。该油田是一呈北东向的背斜，长30千米。有5个含油层段，1998年的原油探明可采储量108亿桶，是沙特阿拉伯海上超级大油田，石油产量为50万桶／日。

(7)胡赖斯油田(Khurais)

胡赖斯油田位于加瓦尔油田以西110公里处，1957年发现。该油田构造长约70千米。有3个产油带。探明石油可采储量为11.9亿吨，天然气储量870亿立方米。

(8)阿布萨法油田(Abu Safah)

该油田位于巴林岛北部，油田长20千米，是沙特阿拉伯与巴林共有的一个油田。根据协议，石油收入由两国分成，但巴林不控制该油田的产量。该油田1963年发现。已探明的石油可采储量10.5亿吨，天然气储量590亿立方米。

(9)谢巴油田(Shaybah)

该油田位于鲁卜哈利沙漠东部，在阿联酋首都阿布扎比正南。该油田1968年发现,估计石油可采储量9.8亿吨。

(10)盖提夫油田(Qatif)

该油田位于沙特阿拉伯的最东部，包括陆上和海上两部分,陆上延长线约40千米,海上6千米,走向南北。该油田有6个产油带。探明石油可采储量8.4亿吨,天然气储量1340亿立方米。

(11)豪塔油田

发现于1989年,位于利雅得以南180千米,日产20万桶阿拉伯优质油,有的密度达49%。

主要石油公司：

沙特阿拉伯最主要的石油公司是沙特阿拉伯石油公司(Saudi Arabian Oil co.),也称为沙特阿美公司(Saudi Aramco),直接管理沙特阿拉伯石油工业,全面控制沙特阿拉伯的油气勘探、开发、生产、炼制和销售。其原油产量占沙特阿拉伯总产量的97.5%,拥有世界上最大和最现代化的油轮运输船队。

1973年,沙特阿拉伯政府购买了阿拉伯美利坚石油公司25%的股份，当时，该公司由雪佛龙(Chevron)、德士古(Texaco)、埃克森(Exxon)和美孚(Mobil)等一批美国石油巨头共同所有。1980年，政府将其占有股份增加至100%，并将此股份占有额追溯至1976年。此后，阿拉伯石油公司继续为沙特阿拉伯王国经营管理油气田，直至1988年,沙特阿拉伯石油公司建立并承接了这些业务。

【走近沙特】

在1990~1994年的第五个五年发展计划和1995~1999年的第六个五年发展计划中，政府规定的发展目标都是努力使经济向多元化发展，减少对石油的依赖，继续支持和发挥私营部门在非石油工业发展中的作用。1995年底,非石油产品出口占国内生产总值的比重从1990年的5.4%提高到6.7%。1997年非石油工业产值在沙特阿拉伯国内生产总值中所占的比重已达21.24%。

　　沙特阿拉伯石油公司总部设在沙特阿拉伯东岸的宰赫兰,公司经营、管理和维护沙特阿拉伯几乎所有的大型碳氢化合物产业。该公司在石油精炼和行销方面也占据重要地位,在国内拥有大量产业股份。公司经营一个遍及全国的产品供应网络,为全国的日常活动提供燃料。

　　沙特阿拉伯石油公司拥有57 500名雇员,其中包括地质学家、工程师、计算机专家、实验室技术人员、海洋生物学家、医生和教师,约80%的雇员是沙特阿拉伯人。

　　自20世纪70年代沙特阿拉伯实现石油工业国有化以来,石油工业特别是石油工业上游领域由沙特阿拉伯政府控制。"石油和矿产事务委员会"(CPMA)也称为"最高石油委员会"(SPC)统管沙特阿拉伯石油工业,所有私营和外国资金投资的项目都必须经过该委员会审批,并协助推进私营和外国资金进入沙特阿拉伯石油领域的进程。

　　4.石油储运

　　沙特阿拉伯的原油输出港位于波斯湾和红海,两个主要码头是拉斯坦努拉港(RasTaurra)和朱艾马赫(Juaymah),两个较小的码头位于沙特阿拉伯和科威特之间的中立区,一个是拉斯海夫吉(Rasai—Khafji)和米纳绍德(Mi na Saud),在红海沿岸有延布港。

　　油品运输公司:维拉(Vela)公司是沙特阿美石油公司下属的石油运输公司,拥有庞大的运送石油和天然气的船队,巨轮20多艘,大型油轮19艘,其主要任务是将沙特阿拉伯的出口原油、天然气、成品油输送到世界各地。此外,还有萨马雷斯公司也拥有运输石油炼制产品的船队。

输油管线:沙特阿拉伯的输油管线非常发达,沙特阿拉伯拥有20 000千米的输油管线。其中最主要的两条输油管道是东—西原油管道(Petroline)和阿卜凯克—延布天然气液体管道。前者输送能力为2.4亿吨／年,主要是将沙特阿拉伯轻质和超轻质原油输送到沙特阿拉伯西部的炼油厂以及红海港口出口欧洲市场。后者与前者平行,连接延布石化厂,输送能力2 000万吨／年。连接黎巴嫩的穿越阿拉伯管道(Tapline)、伊拉克—沙特阿拉伯管道——IPSA-1和IPSA-s目前均被关闭。

其他的输油管线是:(1)谢巴输油管线,长595千米。(2)胡夫(Hofuf)到利雅得的天然气管线,长度584千米。(3)哈拉德天然气处理厂到奥斯曼尼耶(Uthmaniyah)的天然气管线,长度392千米。

码头:沙特阿拉伯有8个主要的码头。(1)吉达(Jeddah),

(2)拉斯海夫吉(RasAi-Khafji),(3)拉斯坦努拉(Ras Tanura),(4)朱拜勒(Jubail),(5)朱艾马赫(Juaymah),(6)延布—金法赫德(Yanbu-King Fahd),(7)祖卢夫(Zuluf),(8)拉比格(Rabigh)。

5.油品

沙特阿拉伯的原油品种有:(1)阿拉伯重油,(2)阿拉伯中油,(3)阿拉伯轻油,(4)阿拉伯特轻油,(5)阿拉伯超轻油。

6.石油炼制

至2002年1月1日,沙特阿拉伯拥有8个炼油厂,即阿美公司炼油能力为年产2 000万吨的拉比格炼油厂、年炼油能力为1 500万吨的拉斯坦努拉角炼油厂、950万吨的延布炼油厂、年炼油能力为600万吨的利雅得炼油厂、年炼油能力为300万吨的吉达炼油厂;沙特阿拉伯国营石油公司／壳牌公司年炼油能力1 525万吨的朱拜勒炼油厂;阿拉伯石油公司的拉斯卡夫奇炼油厂。沙特阿拉伯年原油加工总能力约为8 725万吨,同时在国外还有8 000万吨的

原油加工能力。

　　沙特阿拉伯在海外还有约160万桶／日的炼油能力。2003年8月在拉斯坦努拉炼油厂建成的20万桶／日的分馏装置使得沙特阿拉伯国内的炼油能力接近200万桶／日。同时沙特阿拉伯还对其位于红海沿岸的拉比格炼油厂进行技术升级改造，将这座沙特阿拉伯国内最大的炼油厂扩能至40万桶／日的原油加工能力，同时还将这座炼油厂由生产低价值的重质产品向生产汽油和煤油等高附加值产品转换。此外，该项目还将增加世界级的乙烷裂解装置。2004年5月，日本住友化学与沙特阿拉伯合资43亿美元在拉比格建设大型石化装置，该装置在2008年投产，生产乙烯和丙烯。

【走近沙特】

　　积极采取措施，努力增加非石油产品出口，继续发展现有的工业城建设，提供投资便利的经济信息服务，增加优惠贷款，以吸引更多的私营部门和外国公司的投资。在发展经济多元化方面，取得较大的进展。

第二节 天然气的经济现状

沙特阿拉伯天然气储量丰富,居世界第四位。沙特阿拉伯大多数天然气是油田伴生气。超巨型的加瓦尔油田是天然气的最大来源,其天然气储量约占沙特阿拉伯全国的35%。1975年建立总天然气系统,用于回收加瓦尔油田的大量天然气,当时这些天然气都放空烧掉了。该系统于1982年投产使用。这一系统还收集加瓦尔临近的胡赖斯和萨法尼亚油田的天然气。

沙特阿拉伯在加大天然气勘探开发力度的同时,不断提高天然气处理厂的生产能力。2000年完成舍得古姆和吴德曼尼亚胡夫天然气处理厂扩建工程,使其生产能力分别提高到6 792万立方米/日和7 075万立方米/日。2001年,法国Teehnip公司获得布盖格天然气处理厂全承包工程合同,为该厂建设1条新的天然气液压缩生产线,生产能力2.8亿立方米/日,2003年投产。

为了进一步发展天然气产业,沙特阿拉伯在天然气领域制定了对外开放政策,规定非伴生气产区由沙特阿美石油公司继续开采天

【走近沙特】

2000~2004年的第七个五年计划中,政府继续致力于经济多元化,在此期间,对农业的总投资达53.33亿美元。沙特阿拉伯农业获得了明显的发展。根据沙特阿拉伯农业部的统计报告,这个五年计划内农业的平均增长速度为2%,农业领域的国内生产总值由第一年的92亿美元增长到第五年的101.36亿美元,按照固定价格计算,农业产值在国内生产总值中平均占5.5%。

然气,开采后的加工、销售对外开放;未开采的探明产区,对外开放天然气的开发和生产以及下游产品;未勘探地区对外开放,允许勘探、开发、生产及下游加工。在上述对外开放的天然气生产领域,允许外资公司参与投资全国的大型综合类项目,如天然气的勘探、开采、价格、运输、销售。允许外资公司参与投资配套项目,如为油气开采和加工服务的电站、淡化水站及为石化工厂供气的辅助设施项目。

为了吸引外国资本参与其国内的石油开发,沙特阿拉伯的石油大臣纳伊米1998年12月28日宣布:"对王国的石油和天然气部门投资,就像对其他领域的投资一样,没有任何国籍限制。"

这些政策法规的制定,加大了沙特阿拉伯利用外资的力度,吸引了外资的流入,加快了沙特阿拉伯能源的建设,同时也为外国公司进入沙特阿拉伯提供了可能。

第三节　石化工业及其他工业

1．石化工业

沙特阿拉伯的石化工业起步于19世纪70年代,并大力发展使用天然气作为原料扩大石化产品的生产。

1976年成立沙特基础工业公司(Sabic)。1975～1979年,在第二个工业发展五年计划中对沙特基础工业公司投资1400亿美元。由国家控股70％,是中东最大的非石油类工业公司,石化产品产量占据全球总产量的10％左右。2001年2月,萨比克完成了延布石化生产设施投资10亿美元的扩能计划,使之成为全球最大的聚乙烯生产装置。

沙特基础工业公司发展的石化联合企业有15家,其中的12家从事化肥和石油化工生产,两家用于炼钢,一家用于生产工业气体。沙特基础工业公司的产品多数用于出口,它已成为世界基本石油化学产品主要的生产者。沙特基础工业公司以乙烷为原料生产乙烯,是世界上原料费用最低的地区,其乙烷价格为每吨37.5美元,致使乙烯生产成本低达每吨100美元。

【走近沙特】

第七个五年发展计划中,一个重要的方面是把培训沙特阿拉伯籍劳动力以取代外籍劳动力从而实现劳动力沙特阿拉伯化的实施方案放在了首要位置。到2004年,沙特阿拉伯总的劳动力达到750万人,在沙特阿拉伯化的推动下,沙特阿拉伯籍的劳动力将由1999年占全部劳动力的44.2％上升到2004年的53.2％。

1970～1980年10年时间内建立了海湾沿岸的朱拜勒和红海边的延布两大石化中心。此后，沙特阿拉伯石化工业发展很快，2000年沙特基础工业公司的子公司朱拜勒石油化学公司(Petroke-mya)和沙特阿拉伯延布石化公司(Yanpet)两套年产80万吨的乙烯装置投产，从而使沙特阿拉伯2002年的乙烯生产能力跃增到年产570万吨，位居世界第三，仅次于美国和日本。至2005年底，全国8套乙烯装置年产量达685万吨。沙特基础工业公司的子公司朱拜勒国家石化公司(Petrokemya)还于2004年建成100万吨的乙烯新装置，2005年沙特阿拉伯乙烯生产能力达770万吨。

2002年沙特阿拉伯石化产品总生产能力已增加到3 540万吨，80％的石化产品用于出口，到2010年石化产品生产能力可达到4 800万吨。

沙特阿拉伯发展石化工业大多采用引进国外资金，建立合资企业，采用国外最先进技术的合资合作战略。沙特阿拉伯所有的

石化公司大都是合资企业,最大的石化联合企业是与跨国公司包括壳牌化学、埃克森美孚和三菱化学公司的合资企业。沙特基础工业公司在八大合资企业中拥有11家合作伙伴,包括壳牌和埃克森美孚。他们充分利用跨国公司的先进技术,大大降低了生产成本,在世界上具有很强的竞争力。

一些石化公司除了产品实施外向型战略外,石化业务资产也开始拓展到海外,其中尤以沙特基础工业公司最为典型。沙特基础工业公司并购了荷兰国家矿业公司(DSM)石化资产后,使其在世界石化行业中的排名由第22位上升到第11位,成为世界第三大聚乙烯生产商和第四大聚丙烯生产商,此外还收购了埃尼化学公司在意大利、英国和匈牙利的资产,还与壳牌公司联合收购了美国德士古公司的部分股份。

沙特阿拉伯主要的化工公司还有:沙特阿拉伯化肥公司(safco)、石油矿业硫酸厂(Petrcid)、沙特阿拉伯甲醇公司(ArRazi)、朱拜勒肥料公司(samad)、国家甲醇公司(Ibn Sina)、沙特阿拉伯石油化学公司(sadaf)等。

2. 其他工业

为减少对石油的依赖,沙特阿拉伯努力建立本国的工业基础,兴建工业城,就是发展工业的重要手段之一。在首都利雅得已经建成了

【走近沙特】

沙特阿拉伯化的重要目的就是改变沙特阿拉伯劳动力的结构,为此,沙特阿拉伯政府在政策上作了规定,采取相应的措施:(1)鼓励沙特阿拉伯私有领域为沙特阿拉伯人提供就业机会,另外在政府机构也将用沙特阿拉伯人替代非沙特阿拉伯人。(2)贯彻沙特阿拉伯化的政策,根据职业的重要性,在一些领域优先考虑录用沙特阿拉伯人。(3)在雇用外籍劳动者方面,制定相应的劳务输入明确标准。(4)继续推行集中控制的工作制度和住宿制度。(5)加大对小企业的投资,加强沙特信贷银行在这方面的作用。(6)强制执行政府人力资源委员会的决议。(7)通过媒体使沙特阿拉伯公民意识到工作的价值及其与宗教及社会的关系。(8)鼓励沙特阿拉伯妇女就业,在不违背伊斯兰教义的情况下,创造更多的妇女就业机会。(9)修改劳工法条款,保证沙特阿拉伯社会发展与劳工需求相适应,争取实现社会保险和养老制度。

一座占地45.1万平方米的工业城。第二个工业城的面积为2 100万平方米。延布工业城和朱拜勒工业城的出现,对沙特阿拉伯工业的发展起了重要的作用。

除了石油和天然气等工业之外,沙特阿拉伯的主要工业有:食品、饮料、采石、铝工业、化肥、橡胶、活动房屋、建材、制革、造船、水泥、家用金属器皿、奶制品、鞋、货车、陶瓷、玻璃、服装、纺织品、家具、办公用品、塑料、自行车、加热炉、空调、杀虫剂、洗涤剂、纸张、印刷、电工产品、五金产品、运输器材、电话、农用水泵等。

沙特阿拉伯最大的三座工业城市是:达曼、吉达和利雅得。

第四节　建筑业的发展战略

建筑业是沙特阿拉伯非石油经济的重要组成部分。沙特阿拉伯建筑业受国内石油收入的影响非常大，当国内石油收入丰腴时，沙特阿拉伯建筑业就会步入繁荣期；反之，当国内石油收入减少时，沙特阿拉伯建筑业就会萎缩。沙特阿拉伯计划部资料显示，在油价高涨的1975～1980年，沙特阿拉伯建筑业的年均增长率高达15.8%；而在油价持续低迷的20世纪80年代，沙特阿拉伯建筑业的增长率则一直为负值，1980～1985年沙特阿拉伯建筑业的年均增长率为-0.9%，1985～1990年进而下降为-2.8%。进入21世纪，随着国际油价的上涨，沙特阿拉伯建筑业又步入了繁荣期。

近几年，沙特阿拉伯建筑业的增长率都较快，据沙特阿拉伯经济和计划部统计，2007年沙特阿拉伯建筑业实现产值约650亿里亚尔，较上年增长9.9%，占沙特阿拉伯国内生产总值的4.6%。建筑业是沙特阿拉伯提供就业岗位最多的经济部门，据沙特阿拉伯劳动部统计，2007年，沙特阿拉伯建筑业雇用劳动力227万人，占私营部

【走近沙特】

2005～2009年的第八个五年发展计划中，政府制定的发展目标是继续加强国民经济多元化，着重强调加强科技研发，发展信息产业、制造业、旅游业等，提高生产率，提升国民经济的竞争力，保护环境，合理开发水资源，改善卫生医疗条件和社会服务质量，提高民众生活水平等。其中，特别提出改善妇女的社会福利，通过教育和职业培训提高妇女的素质和能力，使更多的妇女参与到社会经济建设中。为更多的公民创造就业机会。

门雇用劳动力总量的38.9%。不过沙特阿拉伯建筑业雇佣的劳动力主要为外籍工人,沙特阿拉伯籍劳动力仅占该部门雇佣劳动力总量的9.2%。

沙特阿拉伯建筑业基本集中于私人建筑商手中,建筑业是分配石油财富的重要手段,因此,沙特阿拉伯政府非常重视本国建筑商的成长。沙特阿拉伯政府规定,由外国建筑商承包的工程,要将工程总量的30%打包成众多小型项目再承包给沙特阿拉伯本国建筑商。沙特阿拉伯本国的建筑商数量非常多,我国驻沙特阿拉伯大使馆商务参赞处的资料显示,2002年,沙特阿拉伯总共有建筑公司约13.9万家。不过沙特阿拉伯建筑公司的执业水平差异较大,2002年,在沙特阿拉伯工商会注册并拥有等级资质的建筑公司仅有3 690家,约占注册公司总数的2.7%。沙特阿拉伯全国只有少数几家工程总承包公司能达到世界级水准,有资格与世界大公司合作实施大项目。

【走近沙特】

　　沙特阿拉伯政府依靠巨额的石油收入既发展了石油工业，又注意到了产业结构的变化，积极地发展非石油工业，减少了对石油的依赖，保持了经济的增长。

　　得益于建筑标准的提高和竞争加剧，沙特阿拉伯建筑业的施工质量在近些年得到很大提高。除了无资质的中小承包商之间在施工质量上竞争激烈外，有等级资质的承包商的施工能力也有明显改善。不过沙特阿拉伯众多中小型建筑公司财务结构脆弱，银行面对他们的贷款申请时犹豫不决，这直接影响了其执业能力和施工质量。

　　伴随沙特阿拉伯建筑业繁荣的是水泥需求的大幅增长。尽管沙特阿拉伯八家水泥生产厂家的产量一直持增长态势，但在应对国内高涨的需求方面仍是捉襟见肘。2007年年初，沙特阿拉伯政府不得不采取措施，控制迅速上升的水泥价格。不过，沙特阿拉伯政府为了促使现有的水泥生产厂家实现规模经济，壮大自身实力，并防范未来建筑业收缩时出现水泥生产过剩，依然采取停止发放水泥生产执照的政策。据英国经济学家情报社统计，2006年，沙特阿拉伯总共生产水泥2 790万吨，国内销售水泥约为2 610万吨。

第五节　财富达人的致富之道

逃离股市风险区

在股市中,不少投资者经常被"套牢",尤其是2008年的K线图飞流直下3000点,每天都写着股市的残酷和股民的懊悔,怎奈狡猾的大熊早已布好陷阱。很多股民不懂得如何去解套,即使时间倒流,恐怕还是有很多人难逃被深度套牢的厄运。

其实,套牢并不可怕,关键是要懂得怎样解套,然后从中吸取经验教训,避免今后的操作失误。解套主要分为主动性解套和被动性解套两大策略。

1.主动性解套策略

在前期暴涨顶峰时购买的股票是种严重的错误,应及时斩仓止损。只要将资金受损降到最低,股市中赚回来的机会还有很多。

当遇到已被深度套牢而无法斩仓,而后市大盘或个股仍有进一步深跌的空间时,应用"做空"的方式进行解套。卖出套牢股,待低位置再买回来降低成本。

如果发现自己手中的股票是只弱势股,短期内很难有机会翻身,不妨忍痛将该股卖出,买进其他强势股来弥补前者

【理财密码】

T+0中的T是指股票成交的当天日期。T+0交易指在股票成交当天办理好股票和价款清算交割手续。通俗地说,T+0就是股票当天买入,当天可以卖出;T+1是当天买入后,只能第二天卖出。

的损失。

业内人士提醒广大股民，做盘中T+0的前提必须是对股票走势有比较准确的把握，否则会得不偿失。

我国目前股票买卖实行T+1制度，所谓"盘中T+0"往往是指对同一股票在同一天内进行高抛低吸来获取差价利润，但其中抛出的是上一交易日之前购入的该股票。

2.被动性解套策略

如果套牢股票的基本面没发生实质性变化，股价属于牛市的情况下的正常下跌，这个时候就可以采用摊平的方法。不断买进下跌的股价，从而逐步摊低自己所持有的股票成本。

保持耐心，长期持有

股票市场会因为许多因素的影响而受到干扰，这也验证了股票未来走势的不确定性。为此，投资者在股市走势的方向没有明显迹象之前千万不可以轻易换股，应该努力排除干扰自己进行判断分析的因素，并坚决克服由于"自负"心理作祟而引发的频繁换股操作。

案例：股票让小赵圆了婚房梦

【理财密码】

新手大多没有耐心，无法保持冷静，不会控制自己的情绪。面对变化莫测的股市，容易出现风声鹤唳、杯弓蛇影的现象，遇到情况手忙脚乱，稍遇挫折很容易就放弃自己的既定计划。反观一些老手，遇到情况自始至终都非常镇定，根本看不出到底是赔了还是赚了。只有这样，才能保持冷静的思考分析，才会在股市风险中最大限度地保全自己，全身而退。

小赵是一名公司小白领，典型的"80后"，虽然每月的工资十分有限，却也买了婚房，小日子过得十分滋润。相对于很多同龄人还徘徊于"月光"的边缘，小赵也算是一个小富翁了。

刚进入大学的第一年，小赵也和其他大学生一样对未来充满了不切实际的憧憬，但是大一打工时和一名学长的偶遇却让他清醒起来。学长当时是以优秀毕业生的身份进入一家设计公司的，现在虽然工资不算低，但是学长谈论未来的时候早已没有学生时代指点江山的豪情，而是被每月的房贷压得喘不过气来，这种日子不是小赵想要的。小赵从学长身上看到了自己毕业后可能面临的处境，决定要有所改变。

社会上广为流传的快速致富途径有两条：彩票和股票。小赵觉得彩票概率太低，还是股票比较靠谱。出于改变未来的动力，大二刚开学小赵开始了自己人生的第一笔投资。他向父母"借"了两万元，加上大学三年的生活费3万元，总共5万元启动资金准备投入股市。

这次投资对于当时的小赵可以说是背水一战。在正式进入股市之前，小赵利用课余时间对炒股的技术分析、跟庄技巧以及企业价值分析进行了深入学习。总算皇天不负有心人，经过一番起起落落之后，小赵毕业三年后就有足够的钱在市区买下一套属于自己的婚房，让同学们羡慕不已。随后几年，随着炒股经验的积累，小赵的资本也日渐丰厚，赚钱的速度也更快了。

小赵称自己在股票中赚到第一桶金是"七分运气、三分功力"，当时完全凭着年轻时的一时冲动，居然能让他现在衣食无忧。

许多人认为，只要掌握了炒股的技巧，牛市可以赚钱，熊市也可以赚钱。事实上也有许多在熊市里能够盈利的高手。但是对于绝大多数的散户来说，还是最好不要冒这个风险，因为自己本来就是弱势群体，再加上逆势操作，散户的风险自然比大户的风险要更大。

【理财密码】

对于散户来说，以下两点是必须了解和掌握的。止损实际上是一个跟自己的心理斗争的过程。人都是有贪欲的，股价上涨期望值就提高，股价下跌又有高位不卖低位更不舍得卖的心理，一旦被套更难割肉出逃。

财富小故事

朱先生不买房也能赚钱乐开怀

朱先生来到上海打工已经10年了,这10年来他在上海没有属于自己的房子,但是日子却过得非常滋润,也有了一定的积蓄。

朱先生刚来上海的时候是与别人合租的,后来他老家的妹妹辍学要来上海打工,他就退了房子重新租了一套独立的二居室。一年后妹妹找到男朋友搬出去住了,朱先生就把空下的房子转租给了别人。可是没想到的是另一间房的租金竟然比他交给房主的钱还要多,这样朱先生就落了个白住,而且每月还能多拿一点钱,简直连水电费都省了。

这下朱先生可乐坏了,因为他找到了一条赚钱的途径,而且风险相对较小。每年来上海打工的人太多了,每天都有很多人在找房,一个出租信息发布,不到一小时就可以租出去。

于是朱先生重新找了一套三居室,一口气就跟房东签了5年的合约。进行过简单的装修后,朱先生自己住一间,其余两间以高价租出去,一来一去,朱先生又落得了一个白住,而且每月还有额外收入。

第三章 商业及公用事业的财富指数

阿拉伯人自古就有经商的传统，但是在沙特阿拉伯建国之初，大部分商品贸易还停留在以货易货的传统方式。随着城市的发展，特别是在油价上涨导致巨额石油美元的流入后，国内需求不断攀升，沙特阿拉伯商业也取得了迅猛发展。

　　天有不测风云，人有旦夕祸福。当拿到薪水的时候，只有首先保障了在遭受意外的时候有可支配的资金，才能有动力做其他的事情。人生难免会遇到这样那样的意外，需要用钱，比如遇到风寒的时候、吃坏肚子的时候、走路摔倒磕碰了身体的时候，都需要动用积蓄来支付相应的医药费用。如果我们从来不给自己留一笔钱，当这些意外发生的时候，我们如何度过。

　　你不聚财，并不是财从来没有来过，而是你根本没有好好地安排。按照每个月固定发给自己一定的钱，然后做好理财计划，钱就会在你腰包里面待更长的时间，你会成为一个富有的人。让薪水成为泉水，才是生财的王道。摆脱"月光美少女"的称号，成为资产阶级不再是梦想。

第一节　古往今来的商业

如今，商业已成为沙特阿拉伯重要的经济部门，2006年创造产值629.4亿里亚尔，约占国内生产总值的8％；2006年，雇佣劳动力146.8万，占全国劳动力总数的26.3％。2007年，沙特阿拉伯新成立商业公司6.2万家，占新成立公司总数的99.5％，截至2007年，沙特阿拉伯共有商业公司45.2万家，占沙特阿拉伯公司总数的65.1％。

沙特阿拉伯建国后，政府对国内商业采取鼓励和保护的政策。1962年7月，沙特阿拉伯政府颁布了有关贸易沙特阿拉伯化的法令，规定在两年内国内贸易必须全部转移到沙特阿拉伯公民或国家手中。结果，除阿美石油公司油田范围内一些公司所属的商店外，国内贸易基本上转归民族资本经营。1976年年底，沙特阿拉伯政府又颁布了一项禁止外国人拥有小商号的法令，至此，沙特阿拉伯彻底将外资逐出本国商业领域。此后，限制外资进入的政策在沙特阿拉伯保持了很长一段时间，2001年沙特阿拉伯投资总署公布的《外资禁入行业清单》中仍然包括国内

【走近沙特】

作为君主制国家，沙特阿拉伯政局长期保持稳定，是中东地区比较安全稳定的国家，与邻国的关系正常发展。在经济方面，沙特阿拉伯宏观经济总体上状况良好，经济发展稳定。特别是近期石油价格的走高，石油出口贸易使得沙特阿拉伯贸易顺差额度达到历史新高，有力地推动了沙特阿拉伯经济的持续增长。

批发零售业。

沙特阿拉伯商业发展迅速，每年都以超过10％的速度增长。在政府的鼓励下，国内出现了较大的批发和零售商行以及遍布全国各地的小商号。沙特阿拉伯政府限制外国人进入本国商业的政策也推动了本国代理商的成长。1962年通过的《商业代理法》和1981年通过的《代理条例》规定：外商在沙特阿拉伯销售商品只能通过代理商或分销商。代理商与分销商的法律地位并无本质区别。只允许海湾合作委员会成员国(阿联酋、阿曼、巴林、卡塔尔、科威特、沙特阿拉伯)的公民及其全资拥有的法律实体，在沙特阿拉伯从事贸易和商业代理。代理协议需要登记，否则无效。医药产品代理费不得超过商品总价的15％，其他行业代理费无限制。

2005年11月11日，沙特阿拉伯正式加入世界贸易组织，并成为第149个成员国。入世后，沙特阿拉伯逐渐放开原来

限制外资进入的国内各部门,2007年3月,沙特阿拉伯根据入世承诺重新修订了《外资禁入行业清单》,至此,封闭了40余年的国内批发、零售及商品流通领域终于得以向外资开放。近些年,沙特阿拉伯零售领域正在跟世界接轨,大商城发展迅速,居民也更愿意去大型超市购买生活所需品。蓬勃发展的沙特阿拉伯商业将是国外资本投资沙特阿拉伯的新领域。沙特阿拉伯的电子商务在近些年发展也非常迅速,电子商务正在改变沙特阿拉伯传统的商业贸易和服务形式,为了跟上商务发展的潮流,沙特阿拉伯商业和工业部特别设立了电子商务司,以便于规范和管理沙特阿拉伯境内的电子商务。

沙特阿拉伯工商会(saudi Arabian Chambers of Commeree and Industry):

沙特阿拉伯工商会是海湾工商联、阿拉伯工商联、伊斯兰工商联及国际商会的成员单位,委员会受沙特阿拉伯商业和工业部监管,该委员会总部设在利雅得,在全国拥有20多个分会,随着沙特阿拉伯工商业的发展,该组织的规模也在不断扩大。

沙特阿拉伯工商会是非营利的服务性组织,其主要服务功能包括:提供国家生产和外贸统计资料;提供国家对外贸易信息,包括关税财政费用、数量和程序规定等;国家外贸方面卫生技术规定信息;为投标者提供投标规定和程序信息;提供进口商、出口商、制造商名单;提供海运和其他运输设施;为外商同国内国营和私人企业建立联系提供帮助;提供市场机会;帮助海外公司寻找合资伙

> **【走近沙特】**
>
> 沙特阿拉伯通货膨胀的压力也在增大。2005年12月沙特阿拉伯正式加入世贸组织,为了加强竞争力,抢占国际市场,国家计划经济将逐步减少,私营企业将成为沙特阿拉伯经济的主导力量。

伴以及仲裁服务等。

　　沙特阿拉伯工商会对本国工商业的发展起到了不可替代的作用。近些年,为把沙特阿拉伯本国产品推向世界以及获得全球最为先进的技术,沙特阿拉伯工商会组织了多次国际性的展销会和博览会;另外,为了使本国年轻人和妇女能够符合本国劳动力市场的要求,工商会还在全国建立了很多培训中心。

第二节　沙特的公用事业

(一)供水

沙特阿拉伯境内无常年性河流经过,气候炎热干燥,年均降水量70~100毫米,国内淡水资源匮乏。沙特阿拉伯政府非常重视本国的供水问题,20世纪60年代初制订了两项供水计划——解决严重缺水地区居民食用水供应的短期计划和根据国家经济发展远景目标在全国建立大型海水淡化厂的长远计划。为了满足国内日益增长的工农业用水和居民生活用水需求,沙特阿拉伯政府主要采取了以下行动:

1.海水淡化工程

在海水淡化方面,沙特阿拉伯走在中东国家和世界的前列,被誉为"海水淡化王国"。2007年,沙特阿拉伯淡化水产量约10.66亿立方米,位居世界首位。沙特阿拉伯海水淡化主要采用闪蒸法,即先将海水送入加热设备,加热到150℃,再送入扩容蒸发器,进行降压蒸发处理;然后再送入冷凝器以冷凝成水,并在水中加入对人体有益的一定量的矿物质或低盐地下水。这一方法因所使用的设备、管道均由

> **【走近沙特】**
>
> 　　在沙特阿拉伯,劳工法是规定所有雇佣关系的综合法律,它规定雇主和雇员之间的工作关系,适用于所有员工,无论是否为沙特阿拉伯公民,雇佣双方必须遵守劳工法有关条例。

铜镍合成金属制成，所以成本很高，但可一举两得，即在获得淡水的同时，又在对海水蒸发处理时带动蒸汽涡轮机发电。

早在1928年沙特阿拉伯就在吉达建了两套蒸馏设备对海水进行淡化处理。但是，沙特阿拉伯大规模进行海水淡化始于20世纪60年代。为了保证海水淡化工程的顺利进行，沙特阿拉伯政府于1965年组建了了海水淡化总公司，全面负责海水淡化工程的建设和实施。沙特阿拉伯海水淡化厂基本是沿阿拉伯湾和红海海岸线建立，接近工农业发展的重点地区，而且各厂之间由管道相连，形成供水网络。80年代初，沙特阿拉伯第一个大型海水淡化联合企业在西部的吉达地区建成投产，不仅解决了西部地区的缺水问题，也解决了全国1/3地区的用电问题，紧接着政府又在东部朱拜勒地区建成世界最大的海水淡化厂，该厂日产淡水3亿加仑。同时还

修建了世界上最长的直径为1.5米、长为466千米的海水淡化输送管道，将淡化水从东部送到首都利雅得及其附近地区。此后，沙特阿拉伯又修建了200千米连接圣城麦地那和红海沿岸的输水管道，以满足麦地那的饮用水需求。经过数十年的建设，沙特阿拉伯的海水淡化工程有了长足发展，与1970年相比，淡化厂的数量由屈指可数的几家简陋工厂发展到2007年的30家大型现代化工厂，产量一翻再翻，由1970年产量不足1亿立方米淡化水增加到2007年的年产量10.66亿立方米。

海水淡化工程一直是沙特阿拉伯基础设施建设的重点，沙特阿拉伯政府正拟投入巨资修建连接圣城麦加、度假胜地塔伊夫及阿西尔南部的输水管道。

2．地下水工程

原沙特阿拉伯农业水利部曾经在全国建立了若干大型自供水工程，通过汲取地下水为居民提供高质量的生活用水，其中最大的工程是利雅得和吉达的地下水项目。但是，该项目并没有覆盖沙特阿拉伯农村地区和贝都因居住区。而且，沙特阿拉伯地下水资源本就很有限，过度开采已经造成沙特阿拉伯很多地区的生态和环境的恶化。迫于生态和环境的压力，沙特阿拉伯已经放弃了小麦的自给政策并打算扩大淡化水的覆盖范围，并希望借此解决因地下水过度开采造成的生态和环境问题。

3．水坝、水库工程

沙特阿拉伯政府非常重视修建水坝、水库，以便有效利用降雨及其他地表水资源。截至2007年，沙特阿拉伯全国已建成水库237座，总蓄水能力为8.63

【走近沙特】

劳工一旦经体检合格并被雇用，雇主按有关规定负责办理工作许可证、居住证及招聘费用，并签订雇佣合同。受雇劳工享受相关假期。雇佣双方可按规定解除劳动合同。如果出现纠纷，劳工可以到其中任何一个机构咨询有关劳务责任及义务等事宜，也可向机构进行投诉。

亿立方米。水库的建设部分满足了沙特阿拉伯日益增长的饮用水需求。目前,在建水库115座,预计总蓄水能力为13亿立方米,在建水坝中有7座属大型水坝,分别选址于希利峡谷、拉比格、马尔瓦尼和莱斯,沙特阿拉伯水电部还有46个水坝工程处于等待竞标状态。此外,为了能够最大化利用本国降水资源并提高地下水位,沙特阿拉伯水电部打算废弃几个水坝以支持全国综合性的水坝工程。

4. 污水净化项目

污水净化项目主要是净化污水并加以回收利用来为工农业生产提供所需淡水。沙特阿拉伯第一个污水净化厂建于利雅得,净化水产量为每日22万立方米,其中20万立方米净化水通过输水管道运往农业产区供应农业生产使用,另外2万立方米净化水则提供给当地工业企业。沙特阿拉伯正计划在盖西姆和达曼修建类似的污水净化厂。

经过多年的努力,沙特阿拉伯淡水产量有了迅速增长。2007年,沙特阿拉伯日产淡水超过239亿立方米,其中一半来自海水淡化,40%来自地下水,其余则来自地表水和污水净化。但沙特阿拉伯淡水资源紧张的状况因国内用水需求迅速增长而没有得到根本改观。沙特阿拉伯用水需求增长迅速,一方面是因为沙特阿拉伯较快的人口增长率(沙特阿拉伯年均人口增长率高达2.5%);另一方面是因为政府补贴致使水价过低(每立方米水价仅为1里亚尔),从而导致国内缺少节约用水的激励。从需求方面来看,农业是沙特阿拉伯的用水大户,2007年,沙特阿拉伯农业消费淡水209亿立方米,约占用水总量的87.4%;城市生活用水和工业用水的消费量分别为22.7亿立方米和7.3亿立方米,分别占总用水量的9.5%和3.1%。

为了避免水务管理上权利的重叠,2001年,沙特阿拉伯组建水利部,并将农业水利部(此后农业水利部改名为农业部)、城乡发展部及其他政府与水务相关的部门并入该部。新组建的沙特阿拉伯水利部负责监管沙特阿拉伯所有的水务问题,负责制定相应的法律法规。2003年,该部并入新组建的沙特阿拉伯水电部。

沙特阿拉伯的供水也在积极谋求公司化的改革,以提高生产效率。2008年初,沙特阿拉伯国家水务公司 (The National Water Company)成立,该公司从沙特阿拉伯水电部手中接管了全国的供水业务,公司资产总额为58.7亿美元,沙特阿拉伯水电部同时宣布,该公司将在3年内接管全国的供水业务。除了组建新的水务公司,2008年7月沙特阿拉伯政府还准备对沙特阿拉伯淡化水公司(The Saline Water Conversion Corporation)进行私有化改制。

(二)供电

1974年,沙特阿拉伯开始执行补贴国内用电的政策,并以低于发电成本的价格供应国内用电，这一政策一直延续至今。较低的用电价格和较高的人口增长率导致沙特阿拉伯成为中东地区用电需求增长最快的国家。沙特阿拉伯已有的供电能力很难满足日益增长的用电需求，从2004年开始，沙特阿拉伯发电总装机容量与高峰用电量一直存在缺口，因此即使像吉达这样的大城市，每年的6~9月的用电高峰期都会发生经常性的断电现象。沙特阿美石油公司(Saudi Aramco)为了摆脱对国家电网的依赖，独自建设了5个发电厂。2007年，沙特阿拉伯总装机容量为3.30万兆瓦，沙特阿拉伯最大的电厂沙特电力公司 (Saudi Electricity Company) 生产了其中的绝大部分，其余电力则由沙特阿拉伯淡化水公司、朱拜勒和延布的公共事业公司以及私人电力公司提供。沙特阿拉伯水电部预计在2023年之前，国内用电需求年增长率将达到4.5%，2030年国内所需电量将达到6万兆瓦，是现有发电能力的1倍。为了使国内电力供应能够满足需求的增长，沙特阿拉伯每年需投入45亿美元用于电力建设。

　　沙特阿拉伯的电力生产和配送基本由沙特电力公司垄断。近几年，沙特阿拉伯政府逐渐放开本国的电力部门，积极引进私人资本和外资，以弥补本国电力部门投资的不足。为了发展本国电力部门，沙特阿拉伯采取了一系列措施。

　　1．独立水电项目

　　2002年7月，沙特阿拉伯最高经济委员会通过决议，允许私人资本参与兆瓦级别的综合性的独立水电项目。沙特阿拉伯政府希望私营部门能提供该计划所需资金的60%，其余资金则由公共投资基金(Public Investment Fund)和沙特电力公司分担。2004年,沙特阿拉伯政府宣布在2016年前将投资160亿美元兴建10个独立水电项目,沙特电力公司已获批准修建其中的6个项目。这些项目绝大部分集中于沙特阿拉伯西部的红海沿岸地区。目前,在建和处于投标阶段的项目已有4个,装机总容量将达到7000兆瓦,日产淡化水为6亿加仑。

2.独立电力项目

沙特电力公司表示,沙特阿拉伯在建8 000兆瓦的装机容量中5 200兆瓦将会来自独立电力项目,独立电力项目将能满足未来10年国内用电需求的10%。独立电力项目是与淡化水工程分离的电力项目。该项目采取BOO(投资—拥有—经营)形式,由沙特电力公司向当地承包商招标修建。目前,由沙特阿拉伯公司主导的重要的独立电力项目包括:拉比格(1 200兆瓦,2012年或2013年投入运行)、利雅得-P11(2 000兆瓦,2013年或2014年投入运行)、古里亚 (Al-Qurayyah,2 000兆瓦,2014年或2015年投入运行)。

3.电网建设

2006年,沙特阿拉伯仍有10%人口没有被国家电网覆盖。沙特阿拉伯政府计划投资修建20 000千米的输电线,以组建覆盖全国的统一电网。除了重视国内电网建设,沙特阿拉伯还积极促成本国电网与其他阿拉伯国家电网的并网,以期望在用电高峰期通过调整彼此电网供电量实现互惠双赢。海合

【走近沙特】

　　沙特阿拉伯在对外国投资政策方面制定了一系列的政策和法规。为了鼓励外国投资，沙特阿拉伯于2000年4月正式通过新的外商投资法。

会六国已达成协议，计划于2010年实现六国电网的并网。

　　4．新能源开发

　　身为能源输出大国，沙特阿拉伯也并没有忽视本国新能源的开发与利用。2006年，沙特阿拉伯授权国际电力集团在南部城市吉赞投资3亿美元修建垃圾发电厂，该项目计划于2008年12月投入运行。国际电力集团表示，该项目的日垃圾处理量为180吨，日发电量为6兆瓦，并可日产淡化水25万加仑。

第三节 财富达人的致富之道

租房还是买房

不论是从"买房防老"还是"娶妻生子、置业买房"都可以看出中国人的传统观念都是倾向于买房的，但是房价的居高不下，又让普通工薪阶层望而却步。

一种说法是：租房子就像为别人打工，等老了房子还是人家的；另一种说法是：买房子就是为银行和房地产商打工，天天勒紧裤腰带，月月都为月供而发愁。

1.适合租房的人群

目前最普遍的住房模式是先租房后买房的"梯度住房消费"模式，对于以下三类人而言租房是更为理性的选择。

（1）初入职场的年轻人

一般初入职场的"80后"年轻人，特别是刚毕业的大学生，经济能力往往不是很好，选择租房尤其是合租比较划算。

（2）工作流动性较大人群

对于工作流动性较大的"80后"，如果在工作尚未稳定的情况下购房，一旦工作调动，出现单位与住所距离较远的情况，

【理财密码】

随着社会保障制度的建立，住房保障的逐步完善，人们的住房消费观念逐渐在向多元化转变。对于租房还是买房一直流传着不同的说法。

【理财密码】

考虑日后可能因为工作地点变动等其他不确定因素，在购房的时候要考虑到房产的投资潜力。因此，最好选择商圈成熟、购物便利区域买房，那样出租转让时也会较有优势。如果房价过高，单身公寓或者二手房也是个不错的选择。

就会产生一笔不菲的交通成本支出。这类人群建议以租房为主，可以一心发展自己的事业，不因房产制约自己。

（3）收入不稳定的人

收入不稳定的人群，如果盲目贷款买房，一旦出现难以还贷的情况，将面临房产被银行没收的情况。

2.适合买房人群

从当下"80后"的买房需求和经济实力上来看，有以下三类人在购房者中占有很大的比重。

（1）工作多年、经济实力雄厚的白领

一般工作多年的白领工作逐渐趋于稳定，收入也稳步增加，可以选择在离工作地点较近的地方购房。

（2）准备结婚的新人

中国人的传统观念中的"成家立业"一定要有房子才能成家，有房子才有归宿感。如果准备结婚的新人手头都有一定的积蓄，工作也相对较稳定，但是考虑到子女的抚养和教育等问题，可以先选择小面积住房。

（3）多次置业的人群

对于置业升级愿望强烈的购房者，也可以卖掉旧房购买新房，满足对生活品位的追求。

年轻人购房分步走

买房当然不能是因为一时的冲动，购房是在深思熟虑之后的产物，带有明确的目的性，在购房前要制定一系列的计划，严格按照计划执行。

1.买房前的准备

买房前的准备主要包括资金和调查准备。

(1)资金准备

人们在买房前需要考虑"买房是为了什么"和"买什么样的房子"这两个问题,可以让购房者的脑子更清醒,准备足够的资金买房。

(2)调查准备

买房首先要考虑城市和地段的选择,当明确了这个问题之后,可以进一步地了解该地段的环境、交通等情况。交通是首先要考虑的,因为它要方便于你的工作。

2.买房前的知识储备

了解得越多你就越有胜算。所以在买房前最好能恶补下房产知识,不求做到像专业或者半专业人士那样,但起码得对这方面知识有一定程度的了解,否则盲目购房被人宰了也未必知道。

3.房产信息情报的获取

获得的信息量对于能否买到如意的房子起着重要的作用,但是信息的收集并不是盲目性的。我们可以从各种报纸、楼盘介绍书或者是有经验的朋友那里探听消息,当然也可以上网搜索或者在论坛里讨论。

4.确定买房目标

在经过深思熟虑确定想要购买的楼盘时,就要进行一定的实地考察,一方面从整个小区的规划入手,看看整个小区如何,另一方面要看看小区的环境(绿化)、设施以及交通等。

案例:李先生买房后的生活

李先生是一家外贸公司的业务经理,月薪8 000元,工作3年存了10多万元的存

【理财密码】

无论是选择租房还是买房,都应该取决于每个人的生活方式。租房和买房哪个合算,也不能光从经济角度考虑,还要考虑实际的生活情况。

款。随着工作的稳定,李先生考虑在这个城市扎根下来,买一套房子,娶一个好老婆。

于是李先生在一个环境优雅的地段购买了一套120多平方米的房子,装修精良,总价76万元,首付10%,分15年还清。

在最初的几个月里,李先生一直沉浸在坐拥豪宅的自豪当中,好歹他现在也算是有房有车一族(车子是公司配的),而且每月除了8 000元的工资,还有奖金等额外收入,李先生感觉年轻的自己前途一片光明。

但是在自豪的同时,李先生也慢慢感受到了压力,最后终于变成了痛苦的煎熬。

李先生原来的生活是非常滋润的,旅游、泡吧、喝酒、健身等活动不断,但是现在每月5 000元的月供一交,李先生的工资就只剩下了3 000元了,生活质量一下就下降了。旅游没了,泡吧少了,喝酒少了,健身没了,再加上业务上的各项应酬和房子的其他开支,面子和钱都没了。

这样紧巴巴的日子太难熬了,但是李先生考虑到娶妻生子,还是咬牙坚持着。可是作为男人这样下去不行,于是只能向家里伸手,缓解困难。这让李先生倍感压力和打击,前几年的时候是何等意气风发,现在不仅不能孝敬父母,还要拖累他们,作为儿子心里自然是不好受的。

其实,男人买房是需要的,但是应根据自己的实际情况而定。买房的时候在资金方面应给自己留有更大的余地,千万不要做到刚刚够。贷款消费本身是为了提前享受各种物质生活的,但如果因为考虑欠妥,使还月供变成了一个沉重的负担,影响生活质量,就有所不值了。

【理财密码】

开发商本身是以营利为目的的,在整个楼盘的销售中都带有明确的销售技巧。因此我们就要反推销,在整个谈判的过程中为自己谋求最大的利益。

"淘"一个超值的二手房

与其买一手房做一辈子"房奴",不如选择一套适合自己的二手房。无论是一手房产还是二手房产,交易的金额一般都较大,而且房产买卖又是一个比较专业的交易行为,其中涉及金融、法律以及税收等多方面的知识。

近年来二手房交易产生纠纷的情况很多,其中主要表现在部分不能上市交易的二手房被房主卖出,导致购房者不能过户。购买二手房的时候需要注意以下12类二手房是不能交易的。

未依法取得房屋所有权证的房屋。

只取得使用权的房屋,如房屋管理局直管公房。

鉴定为危房的房屋。

以标准价购买,尚未按成本价补足剩余价款,向全产权过渡的房屋。

在农村集体土地上兴建的房屋。

已经被列入拆迁公告范围的房屋。

所有权共有的房屋,其他共有人不同意出售的房屋。

所有权有纠纷的房屋。

已经抵押,并且未经抵押人书面同意的房屋。

依法被查封、扣押或者依法以其他形式限制权属转移的房屋。

房屋已出租他人,出卖人未按规定通知承租人,侵害承租人优先购买权等权益的。

法律、行政法规规定禁止转让的其他情形。

此外,对于二手房交易,购房者还需

【理财密码】
男人买房的时候可考虑与结婚对象共同还贷,毕竟夫妻生活是两个人的。如果还没有结婚对象,可考虑买简装修或毛坯房,买房与装修分开进行,压力也会小很多。

【理财密码】

购房者在签订合同前最好到房管部门查询该房档案，确定其可以上市交易后再行购买，以免产生纠纷。

要注意以下细节。

（1）购房者在看房的时候首先要查看业主的各类证件是否真实有效，如身份证、房屋产权证等，以防出现租客假冒业主的现象。如果需要房产中介，买卖双方一定要找到资信好、品牌响、专业强的大型经纪公司承担担保责任，由其在中间验证双方的真实身份，确认房屋产权无纠纷，对双方行为进行制约，确保交易顺利进行。

（2）需要明确买卖双方违约责任。很多购房者比较重视买卖双方的违约责任，但是往往只是以口头形式加以申明，没有以文字形式记录，在对方违约时无法保障自己的权益。所以买卖双方需要在签署合同时就明确写清双方的责任和权利并明确付款和过户时间以及违约金的偿付金额和时间，保证双方都能够履行合同规定的义务，顺利完成交易。

（3）看房时间可以安排两次，一次安排在天气晴朗的白天，一则光线比较好可以充分感受一下房屋的采光是否良好，通风是否顺畅，以及天花板是否有渗水的迹象，墙壁是否有裂纹或脱皮等明显问题。第二次看房则可以安排在下雨天，可以查看小区地面有无积水，下水是否通畅，车库是否进水等。

（4）除了房产的交易费用，二手房在交接的时候还需要了解房屋的水、电、煤气、有线电视、物业以及供暖等各项费用的交接情况。对于某些需要更名过户的项目需要与业主约好时间进行更改。确保入住后安全、省心、无后顾之忧。

第四章　三位一体的农业、
　　　　　　畜牧业和渔业

　　沙特阿拉伯是西亚地区面积较大的国家,但其境内多是沙漠
(约占国土面积的一半)、山地和深谷,且无常年性河流经过,该国
气候炎热干燥,雨量稀少。恶劣的自然条件对农业发展极为不利,
全国仅有 2% 的土地被用作耕地,主要集中于雨量较为充沛的西
南部,其他耕地则分散于沙漠中的绿洲。尽管农业发展先天条件
不足,但在沙特阿拉伯政府和人民的努力下,农业依然取得了不
俗的成绩。

　　大多数老板都不会因为物价上涨而主动为员工加薪，因为物价上涨的时候，公司也面临着开支增加、收入减少等种种困难，在老板不加薪的前提下怎样应对物价的飞涨？物价上涨，工资不涨，工资的购买力下降，相当于降薪，赚更少的钱。生活是必须要过的，不可能因为通货膨胀而辞掉自己的工作，在通货膨胀时，失业率本来就在上升，你还要冒辞去工作之后就没有工作的风险选择辞职去找更高工资的工作吗？显然，这样的做法是不可取的。但是我们怎么度过薪水不涨、物价飞涨的时期呢？首先，我们要开源，增加收入，公司的工资不涨，可以利用空余时间找到一份适合自己的兼职，增加收入；其次是节流，用更少的钱买更贵的东西，但是要保证相同的生活品质，并非易事，要求我们每天时刻注意物价的变化和各大商场的促销活动，参与到省钱的行列中，减少生活中不必要的开销。

第一节　蓬勃发展的农业

为了实现国民经济的全面发展和改变农产品对外依赖的现状,沙特阿拉伯政府从20世纪70年代中期开始加大推动国内农业发展的力度,主要是依靠巨额石油收入,对农业实行高投入政策,这一政策一直持续到80年代中期,在这一时期,沙特阿拉伯政府主要采取了以下措施促进农业发展:

(1)大量增加对农业基本建设的投资和贷款。为了发展农业,沙特阿拉伯政府于1964年建立专门服务于农业的沙特阿拉伯农业银行,并通过其长期向农户和农业公司购买农业设备和种子肥料等提供无息贷款。另外,国家还向冷冻以及粮食加工部门提供贷款,修建冷库、面粉厂等,以确保农副产品的储藏安全。

(2)鼓励开荒,无偿向农户和农业公司提供土地。为了鼓励人们从事农业生产,国家规定每个沙特阿拉伯公民可以无偿从国家领取一定数量的土地进行种植,条件是5年之内必须开发其中的一半并有所收获。

(3)对农业生产提供高额补贴。国家以优惠的价格向农户和农业公司供应化肥;国家以半价向农户和农业公司提供水泵;并以45%的特优价提供

【走近沙特】

外商投资法就外商投资的领域、外资的定义、外商的权利和义务作了详细的规定。根据这部法规,如今,国际公司对项目及相关房地产的占有率最高可达100%,同时还可享有与本国公司同样的福利。因此,投资者们可以持有多项活动的投资许可证。

农业用的各种机械与设备。

(4) 沙特阿拉伯政府不但向农户和农业企业提供大额的资金支持,同时对农产品实行高价收购的政策。比如,在20世纪80年代初期,国家以每千克3里亚尔(1美元合3.75里亚尔)的价格收购小麦,远远超过从国际市场购买的价格,而且对小麦实行了统购统销的政策,所购小麦由国家粮食储存总机构负责储藏。

(5)努力提高农业生产效率。国家通过农业水利部指导农民科学种田,推广普及农业新技术,并为提高国内农业生产率,雇用了大批有种植经验的外籍劳动力。

(6)重视基础设施建设。为了支持本国农业的发展,国家大力修建连接粮食产区和粮食市场的农业公路。1970年,沙特阿拉伯的农业公路只有3 500千米,到2007年增至12.7万千米,是1970年的36倍;为了解决农业用水问题,国家大力开发水力资源,为了储存降水,已在全国各地修建了237座、总蓄水能力为8.63亿立方米

的储水设备,此外,国家还修建了40 810口自流井及52 327口传统水井,以满足国内饮用水和农业发展用水的需求。在开发水力资源方面,沙特阿拉伯最引人瞩目的还是其海水淡化工程,截至2007年,沙特阿拉伯政府共建立了30余家海水淡化厂,年产淡化水达10.66亿立方米。其海水淡化量占世界海水淡化量的21%左右。

在政府以粮为主的农业政策的引导下,沙特阿拉伯农业发展迅速、成绩斐然。1970年以前,沙特阿拉伯小麦年产量不足0.3万吨,到1984年猛增至130万吨,基本实现了粮食自给,到1989年第一个五年计划完成时,沙特阿拉伯小麦产量已达360万吨,一跃成为粮食出口国,出口量居世界第六位,出口国家主要有中国、科威特、苏丹、土耳其、马来西亚、伊拉克、巴林、阿联酋、约旦、印度尼西亚和葡萄牙等国。与此同时,沙特阿拉伯蔬菜、水果、咖啡豆等产品也都出现了大幅增长。为此,联合国粮农组织授予沙特阿拉伯荣誉奖,称赞沙特阿拉伯为第三世界国家发展农业树立了榜样。

20世纪90年代初期,沙特阿拉伯农业依然保持增长态势。但此后,沙特阿拉伯的农业增长速度开始放缓。随着沙特阿拉伯于1993年正式申请加入关贸总协定(1995年申请加入世贸组织),沙特阿拉伯的农业补贴政策成为人们关注的焦点,同时由于大量扩大小麦种植面积,造成地下水的过度使用,带来严重的生态和环境问题。为此,沙特阿拉伯政府一方面强调小麦的自给自足,同时又严格控制并逐年减少小麦的种植

【走近沙特】

在主办方安排上也做了许多更改,境外投资者及其非沙特阿拉伯管理层与员工可由他们的许可投资企业招募。公司征税也实行了变动,外国公司所需缴纳的税金大大降低,并允许将亏损结转数年,直到公司开始盈利。外商投资法还设法通过沙特阿拉伯投资局确保在以往的基础上加快许可证的申领以及项目的初始运作。

面积。经过多年努力，沙特阿拉伯政府已将小麦的政府收购价由20世纪80年代初期的每千克3里亚尔降为2004年的每千克1里亚尔。到2007年，沙特阿拉伯小麦产量约为263万吨，远低于20世纪80年代末、90年代初的水平。

2008年1月，出于生态和环境的考虑，沙特阿拉伯政府正式宣布终止执行了30余年的农业自给计划。从当年开始，沙特阿拉伯政府每年以12.5%的速度减少从本国农民手中购买小麦的数量，并计划于2016年实现小麦全部依赖进口。2008年8月，沙特阿拉伯政府宣布，为保障国内供应及价格稳定，政府将成立一个专门投资海湾农业的公司。该公司由国家和国内私营公司共同组建，它主要关注两个方面，一是本国无法生产的作物如水稻、糖料作物，另一方面是需要大量水源的农产品，如小麦、大麦和动物饲料。

2006年沙特阿拉伯已耕地面积为107万公顷，较上年下降3.2%，农产品产量约为958万吨，较上年下降0.1%。由于沙特阿拉伯政府采取的一系列措施，2006年，沙特阿拉伯除了小麦和高粱仍能实现自给外，其他谷物均需大量进口。

第二节　由来已久的畜牧业

　　畜牧业在沙特阿拉伯由来已久，但因国内自然条件恶劣，20世纪70年代中期以前，沙特阿拉伯畜牧业长期都是以游牧方式存在。70年代中期以后，沙特阿拉伯在发展粮食生产的同时，并没有忽视畜牧业的发展。80年代后，在政府的资助下，沙特阿拉伯出现了很多商业性的农场和养殖场，主要养殖牛、羊、鸡等牲畜和家禽。沙特阿拉伯的肉制品产量从1984年的10万吨迅速增长到1990

【走近沙特】

2004年8月,沙特阿拉伯还通过了矿业投资法,进一步加大了对外商投资开放的力度。

年的13万吨,年均增幅高达33%。到2006年,沙特阿拉伯的肉禽产量进一步增加到71万吨;2005年,由于新技术的采用,沙特阿拉伯的奶制品也达到了年产133.8万吨的生产能力,比2004年的产量增加10万多吨,2006年进而达到138.1万吨。

沙特阿拉伯畜牧业虽然取得了快速发展,但是依然难以满足国内市场的需求。国内奶制品需求的60%仍然要依赖进口,2005年进口数额约为2.5亿美元,主要进口来源国为丹麦、澳大利亚、法国、波兰和新西兰。2005年,进口肉制品64万吨,进口的主要品种为鸡肉,仔鸡进口量达到48.42万吨,其中约80%来自巴西,约20%来自法国。

第三节　渔业的现状和未来

　　沙特阿拉伯西濒红海,东临阿拉伯湾,拥有绵长的海岸线,海岸线长2 437千克,渔业资源较为丰富。沙特阿拉伯重视本国渔业发展,2007年, 渔业产量超过8万吨, 与1970年2万吨的年产量相比,增加了3倍多。但是,沙特阿拉伯渔业还是主要依靠捕捞业,水产养殖业不很发达。2007年,沙特阿拉伯水产养殖业的产量约为1.6万吨,不到渔业总产量的20%,沙特阿拉伯的主要水产品为对虾、石斑鱼、石首鱼和竹荚鱼等。

　　沙特阿拉伯捕捞业的现状是传统捕捞方式和现代工业化捕捞方式并存。2000年,沙特阿拉伯共有渔船9 585艘,其中9 436艘为传统渔船;现代化渔船仅为149艘,主要以打捞对虾为主,现代化渔船绝大部分归沙特阿拉伯渔业公司所有。传统捕捞方式依然是沙特阿拉伯捕捞业的主体。

　　沙特阿拉伯的海上渔业捕捞发展非常快,但存在着渔船过多,捕捞过度的现象。为了实现捕捞业的可持续发展,近些年沙特阿拉伯政府采取了一系列措施保护本国渔业资源:

　　(1)实行休渔期制度。每年1月1日到8月1日禁止在阿拉伯湾打捞对虾;每年3月1日到8月1日,禁止在红海沿岸打捞对虾;每年特定时间禁止打捞石斑鱼。

　　(2)限制在红海沿岸和阿拉伯湾作业渔船的刺网网口直径。

【走近沙特】

沙特阿拉伯对工业性投资采取鼓励机制，视情况给予海关免税和对特需人员工作签证采取便利措施，其中包括对外资项目免收15年的所得税和沙特阿拉伯化推迟5年执行。此前沙特阿拉伯规定外资企业必须拥有25％的沙特阿拉伯籍员工即沙特阿拉伯化的内容。沙特阿拉伯还计划对一般工业、采矿、农业、渔业、淡化水、铁路、公路及排水等项目实行上述优惠政策。

(3)改善传统渔业(包括改进渔船制造工艺、渔船动力系统及捕捞方式)并提供软性贷款支持,提高渔民意识。

(4)停止发放渔业捕捞执照。

(5)在红海和阿拉伯湾建立海洋保护区。

沙特阿拉伯政府虽然采取了一系列措施保护本国渔业资源,但是因为政府对本国捕捞业,特别是捕捞业中的传统部分施行高补贴政策,虽然打捞率一直在下降,但沙特阿拉伯渔船的数量并没有减少,过度捕捞现象依然存在。

沙特阿拉伯水产养殖业规模虽然很小,但发展很快,2001年水产养殖业的产量仅为0.8万吨,2007年达到1.5万吨,几乎翻了一番,主要产品是罗非鱼和对虾。沙特阿拉伯政府重视水产养殖业的发展,把水产养殖业视为本国渔业发展的重中之重,并为此制定了水产养殖计划,计划中期达到年产4.8万吨的水平。

沙特阿拉伯渔业虽然发展很快,但本国水产品需求的62％仍需进口。随着人口的增长、环境的恶化和渔业的过度捕捞,在很长一段时期内沙特阿拉伯仍难以摆脱水产品依赖进口的局面。

第四节　财富达人的致富之道

投资房地产，让"身价"升值

投资者为寻找有吸引力的投资机会，经常把注意力转向房地产。他们可能会进行土地投资，也可能购买能产生未来预期收益的房产，还可能购买房地产信托投资指数（REIT）。当然，最终投资于哪一种房地产取决于投资者希望从他的投资中得到的是什么样的回报，或者说，取决于他认为哪一种回报形式对他更重要，是租金还是资产价值的升值。

1. 收益率可观

投资房地产的收益率相比债券或者银行储蓄来说要来得高，只比股票投资低一点。其主要的收益来源是买卖差价以及持有期的租金收入。在2003年，房地产行业曾是"中国十大暴利行业"之首，直到如今房地产依旧是暴利行业中的佼佼者，这个行业所造就的亿万富翁远比其他任何行业都要多。

2. 收益升值潜力大

据专家分析，在现在乃至以后的50年里，住房的需求依然会很大，房地产市场会在求大于供的形势下保持相当长的一段时间。因此尽管最近房价有所下降，但是总体来看，价格会持续不断地上涨。持续上涨的房价就决定了房地产投资者的投资效益会有

【理财密码】

在通货膨胀情况下,股票和房地产都可以避免造成相应的实际财富的损失。但是,在我国由于股票市场还存在着一些制度性的缺陷,因此房地产投资就成了最好的抵抗通货膨胀的手段。

很大的上升空间。

3.财务杠杆效应

所谓财务杠杆效应就是用别人的钱来为自己赚钱。例如,有一套房子价位在100万元左右,假设银行为你提供了100%的贷款,而贷款利息才5%左右,那么当你买下这套房子以后,只需每年付5%的贷款利息以及1%的维修费用。此时若以每年10万元的价格把房子租出去,那么那每年5%的贷款利息以及1%维修费用就有了来源,而且每年还可以从中净赚4万元,这就是财务杠杆效应的一种表现原理。

案例:大学老师当了"房奴"后理财入佳境

韩女士,四川人,在苏州工作,是一位大学老师,她的丈夫是博士后,单位给他们分配了一套一室一厅的房子。后来,韩女士生了小孩,她的公公婆婆就一起来到了苏州帮忙带小孩,这样就使得一室一厅的房子变得拥挤不堪。于是她就和丈夫商量着买一套大一点的新房。

正好那时韩女士家附近有个建设中的新楼盘,她就和丈夫一起去看了下,但是因为那时候她和丈夫的工资都不是很高,既要抚养孩子又要赡养老人,身边也没什么积蓄,贷款买房需要背负很大的压力,她和丈夫一时下不了决心买房。后来,随着孩子慢慢长大,家里实在太小了,韩女士和丈夫一咬牙凑足了首付的钱,向银行贷款买了一套90平方米的三室一厅的房子。

原以为负债买房会承受很大的心理压力,但是令韩女士没想到的是,买了房子后,她反而觉得轻松了。她说,这主要是因为在没买房之前,她总是纠结要不要买房,担心房价会涨这些问题,中国人大都图个安居乐业,买了房子后心也就安定了。还有一个原因就是,买房清空了她全部的家底,对于家庭的财务状况也更加清晰明了。从前为了攒够买房的钱省吃俭用,什么都不舍得买,现在每个月的收入一部分用于生活开销,另一部分用于还贷,剩下的还可以用来买理财产品。买房促使她要寻找更多钱生钱的渠道,也让她认识到了理财的重要性。

财富小故事

保险宜早买

吴先生30岁,是典型的"80后",留学回国后一直在一家外企工作。工作时间不算很久的吴先生,比较会打理自己的生活,每月工资在生活上三下五除二,结余是很有限的。但是他仍然觉得自己应该制订理财计划,着重投资于一些风险较低的基金,希望能通过投资理财使自己的资产升值。但与此同时,吴先生也感到,越来越大的工作压力给自己的健康带来了很大的挑战。工作单位给予员工的基本社会保险是远远不够的,因此,吴先生决定开始合理地规划自己的保险投资来增强对自身的保障。

在专家的建议下吴先生还购买了意外风险保障和定期寿险两种保险,这两种保险保费低、保障高。非常适合吴先生这样刚工作不久的年轻人,这样不但可以减少因意外导致的经济损失,甚至万一有什么不测发生,保险金可以用来支持父母的生活,给自己父母退休后的生活提供一定的保障。

越早投保,缴费越少,相应的受益时间就会越长,所得到的各项保障及收益也会越多。在年轻的时候注重投资保险是对自己和家庭的保障,保险就是一生的需求。

> **【理财密码】**
>
> 人生是由一个接一个的意外组成的,而保险是人生的防护墙,只有筑起这道防护墙才可以让生活变得更加有保障。

保险：人生的防护墙

1.养儿防老可靠吗

我国的家庭结构因为独生子女政策而演变成了4：2：1型，也就是一对80后夫妻养4个老人和1个孩子，人均负担2.5人的生活费用（不包括自己），这对大多数人来说都是一副重担。因此，养儿防老逐渐变得心有余而力不足。面对这种情况，我们需要提前做好养老规划。通过养老保险使很多人在晚年享有了安逸的生活。

2.年轻时买保险，是对年老时承担责任

80后喜爱运动、挑战、刺激，更加需要未雨绸缪，以防范不可预知的风险。另外，许多80后的年轻人追求品牌、高档的消费，使很多年轻人过着"月光"的生活。可是当我们老去的时候，还是需要一笔可观的退休养老金来过日子，这笔钱需要在年轻的时候准备，等到年老的时候再打算就为时已晚了。要做到专款专用，慢慢积累，避免盲目消费。

3.给自己买保险，是对家庭承担责任

当然，保险不是万能的，它不可能防止意外事故发生，也不可能让不幸遭遇不测的人重生。在不幸发生后，保险能够做的就是给予经济补偿，替不幸者尽他们未尽的义务，留给他的家人一份关爱，从而减轻家人因为他的不幸而遭受心理和经济上的双重打击。

【理财密码】

有时候，替家人购买保险，是对他们要继续生活下去而负起的一种责任，也是对家人关爱的一种方式。平时的一点实际性付出远胜过灾难降临时的千百遍祈祷。

4.给家人买保险，是对将来承担责任

我们个人对于这个大千世界来说，也许是微乎其微的，但是对于家庭来说，我们绝对是主角，是不可缺失的一员。世界再大，也大不过我们在家人心目中所占的分量。

第五章 交通和通信业的现状和未来

　　沙特阿拉伯幅员辽阔，交通事业对其经济发展意义非比寻常。建国后，政府非常重视本国交通事业的发展，经过几十年的努力，沙特阿拉伯在交通建设方面取得了不俗的成绩，现已形成完善的水路、陆路、航空交通网。

　　正如机会总是给有准备的人一样，发财也同样是先给那些怀揣着发财梦的人。人一旦有了梦，无论做起什么来，都充满干劲儿、动力十足，赚钱发财还不是手到擒来的事。梦是支撑我们在艰难的环境下继续走下去的动力，俗话说:"没有做不到，只有想不到。"发财梦就如黑暗道路上的一盏明灯，在黑暗中给我们指引方向。

　　生活中很多人忙忙碌碌地工作了一辈子，每天省吃俭用，可是到头来还是穷人一个，一辈子什么好的衣服都没有买过，什么高档的餐厅也没有去光顾过，只要是稍微贵一点的东西都没有买过，一心想着把辛苦赚来的钱存起来。可是到老了才发现，自己还是没什么钱财，更谈不上积累的财富。这些普通人生活了一辈子，现实早已把所有梦想冲淡了，每天忙碌工作也是为了生活，做什么事情都提不起干劲儿，所以终究以没什么成就结束一生。

第一节　交通运输业对经济的影响

1.公路

　　沙特阿拉伯第一个五年计划就把公路列为首要发展的领域。沙特阿拉伯交通部的资料显示,截至2007年,沙特阿拉伯公路里程已达到17.9万千米,其中沥青公路为5.2万千米,主要公路包括连接沙特阿拉伯西部城市吉达、麦加、麦地那和东部省海湾油田及利雅得的环半岛公路;达曼至约旦边境的公路;连接塔伊夫、艾

卜哈、吉赞的红海公路。1982年，沙特阿拉伯政府还投资12亿美元修建了连接沙特阿拉伯和巴林的跨海公路大桥，并于1986年投入运行。近几年，为了满足经济发展对道路交通的需求，沙特阿拉伯政府还修建并改造了多条城际高速公路，建筑等级很高，均为8车道高速公路。

随着城市的发展，沙特阿拉伯很多城市都出现了比较严重的交通堵塞现象，为了缓解市内交通压力以及改善城市环境质量，沙特阿拉伯很多城市都修建了绕城公路。像利雅得、吉达这样的大城市还修建了很多高架路和地下公路。

沙特阿拉伯政府非常重视国内公共交通的发展并于1979年组建了沙特阿拉伯公共运输公司。沙特阿拉伯公共运输公司一部分归政府所有，管辖有1 000多辆公共汽车，提供廉价的市内及城际交通运输服务。此外，该公司还提供沙特阿拉伯至埃及、约旦、叙利亚、阿联酋、卡塔尔、巴林、科威特及土耳其等国的国际班车服务。2007年，乘坐城际长途汽车的乘客达130万人次，比上年增长7.4%，乘坐国际长途汽车的乘客达到4.17万人次，较上年增长7.6%。

【走近沙特】

政府对在沙特阿拉伯不发达地区的投资者也给予鼓励措施。如在延布工业城对外国投资有更加优惠的政策支持，这里允许设立外商独资企业，所有企业不论何种资本类型享受同等的国民待遇；所有生产所必需的原材料免进口关税；建设项目可获得项目成本50%，最高1亿美元的无息贷款；租购房屋土地可享受较低的价格和长期固定的租金；政府采购倾向于在本国制造的产品；回撤资金无严格限制等。

2. 铁路

沙特阿拉伯铁路是阿拉伯半岛存在的唯一的铁路系统。沙特阿拉伯国内的铁路运输主要由沙特阿拉伯铁路组织 (Saudi Railways Organisation)负责。根据该组织的统计，截至2009年底，沙特铁路里程总计为1 412千米。主要铁路干线是两条连接达曼和利雅得的铁路，分别为449公里和556千米。2009年，沙特铁路总共运送旅客110.6万人次,运输货物361.1万吨。

截至2005年,沙特阿拉伯铁路组织共有59台内燃机车,85节客车车厢(包括10节一等包厢、2节私家包厢、9节餐车和9节行李车),2 240节货车车厢(其中50％是油罐车和大型集装箱运输车)。

沙特阿拉伯正在计划在其境内修建4条新铁路,总长约2 800千米。第一条线路是吉达至利雅得的铁路,全长950千米,建成后与现有的利雅得至达曼铁路连接,这个方案可使吉达至利雅得之间的行车时间节省至少5个小时。第二条线是达曼至工业城朱拜勒铁路,全长115千米。这两条铁路被沙特阿拉伯称做"大陆桥工程"。第三条线是沙特阿拉伯国有矿产公司计划修建的从北部的磷酸盐矿和铝矾土矿分别至工业城朱拜勒共1400千米长的专线铁路。第四条是连接麦加、麦地那和吉达三城市的铁路线,主要为朝觐活动服务,总长为385千米。

3.海运

为了支持本国的进出口贸易,沙特阿拉伯修建了很多现代化的海港,并已形成一定的海运能力。沙特阿拉伯现有5个重要的商业港、2个重要的工业港以及2个重要的油港,5个商业港分别是吉达伊斯兰港、达曼阿卜杜勒·阿齐兹国王港、吉赞商业港、朱拜勒商业港和延布港。2个工业港分别是位于朱拜勒的法赫德国王工业港和位于延布的法赫德国王工业港。2个油港分别是坦努拉港和杜巴港。在海运方面,沙特阿拉伯国家航运有限公司已经成为世界重要的船运公司之一,不过,沙特阿拉伯现有的船运能力还不能满足本国的运力需求。

吉达伊斯兰港(Jeddah Islamic Port)

位于沙特阿拉伯西海岸中部,濒临红海的东侧,是沙特阿拉伯最大的集装箱港,又是圣城麦加的海上出入门户,距离

【走近沙特】

在开放外国投资的同时,政府禁止外国投资进入批发零售业、陆地和海洋运输业。

麦加约70千米。早在17世纪就作为朝圣者的集散港而兴盛起来，现为全国最重要的港口之一。主要运送的工业品有石油、汽车配件、钢铁、水泥、食用糖、地毯、陶器及日用百货等。港口距吉达机场约35千米。2007年，该港的吞吐量约为4 216万吨。

达曼阿卜杜勒·阿齐兹国王港 (King Abdul Aziz Port atAl–Dammam)

位于沙特阿拉伯东北沿海，北邻坦努拉港，近巴林岛西北端，濒临波斯湾西侧，是沙特阿拉伯东部最大的港口。它是20世纪40年代随着石油工业的发展而兴起的港口，有公路和铁路通往首都和大油田中心。该港分东、西两个港区，东港有22个泊位，最大水深为12米，西港区有20个泊位，其中集装箱泊位有7个，最大水深达14米。该港主要出口货物为石油、石化产品等，进口货物主要有工业设备、车辆、水

泥、粮食和百货等。2007年,该港的吞吐量约为2 094万吨。

沙特阿拉伯国家航运有限公司(National Shipping Co. of Saudi Arabia)

沙特阿拉伯国家航运有限公司创建于1979年,是沙特阿拉伯最大的船运公司,国有资本占其总资本的28%,公司旗下有11艘巨型油轮,15艘化学品液化船以及4艘多用途货轮。该公司在吉达、达曼、朱拜勒设有分公司,在迪拜、罗马、新泽西和孟买设有办事处。该公司还拥有总部位于百慕大从事液化石油气贸易和运输的派迪克(Petredec)公司30.2%的股份。

4．管道运输

沙特阿拉伯是重要的石油生产国,为了提高本国石油产品的运输能力,降低运输成本,沙特阿拉伯政府非常重视管道运输的建设。截至2003年,沙特阿拉伯已建成原油管道5 063千米、凝析油管道212千米、天然气管道837千米、液化石油气管道1187千米、成品油管道69千米。沙特阿拉伯原油主干运输管道一条是全长为925千米、日运输能力为480万桶的东—西原油运输管道,该管道主要用于向西部的炼油厂输送轻质或超轻质原油或是将原油沿红海直接出口到欧洲市场。

5．航空运输

民航在连接辽阔的沙特阿拉伯各地、加强王国与外部世界的频繁接触中起着至关重要的作用。建国后,沙特阿拉伯航空运输业得到了迅速发展。截至2007年,沙特阿拉伯已拥有吉达、达曼、利雅得3个现代化的国际机场以及遍布

【走近沙特】

沙特阿拉伯是《华盛顿公约》和《纽约公约》的签字国,这将保障投资纠纷的解决和仲裁结果的执行。在对外国投资的金融体系方面,沙特阿拉伯也制定了相关的政策。

全国的23个中小机场。据沙航统计,2007年,沙特阿拉伯全国各机场总共接待乘客达3 900万人次,接待班机564 248架次,运送货物515万吨。沙特阿拉伯航空公司已成为阿拉伯地区规模最大的航空公司之一。

近些年沙特阿拉伯政府开始对本国航空业进行重组,希望通过私有化和引入竞争机制来提高行业效率。2006年,沙特阿拉伯航空公司开始进行私有化改造,首先被私有化的是航空膳食服务公司。2007年8月,沙特阿拉伯内阁大臣批准把策略性单位转为公司,同时已计划把地勤服务、技术支援服务、航空货运、航空膳食服务及苏尔坦王子民航学院(Prince Sultan Aviation Academy)列为股份公司的附属公司。除了对沙航进行私有化改革,沙特阿拉伯政府还积极为该行业注入竞争机制。沙特阿拉伯民航总局于2006年年底,授予萨马(sama)航空公司和奈斯(Nas)航空公司沙特阿拉伯国内民航航线经营执照。2007年12月,沙特阿拉伯王储苏尔坦亲王进而表示,沙特阿拉伯还将批准成立4家新的航空公司。

哈立德国王国际机场(King Khalid International Airport)

哈立德国王国际机场建于1983年,位于首都利雅得以北35千米处,是沙特阿拉伯最重要的空中交通枢纽,由美国HOK建筑事务所(Hellmuth,Obata&Kassabaum)设计,候机楼的屋顶由许多三角形的球面构成。从平面组织到装饰图案,

都具有明显的伊斯兰传统艺术风格。该机场共有6个航站楼:1号航站楼用于接待国际航班;2号航站楼用于接待是沙特阿拉伯航空公司的国际航班;3号航站楼用于接待沙特阿拉伯国内航班;4号航站楼已关闭;王室航站楼主要用于接待贵宾乘客、外国元首及沙特王室成员。此外,还有一

个专门用于接待私人飞机的航站楼。2003年,该机场接待航班124 516架次,接待乘客1 413.8万人次。

阿卜杜勒·阿齐兹国王国际机场 (King Abdul AzizInternational Airport)

阿卜杜勒·阿齐兹国王国际机场建于1980年,位于吉达,是世界上最为繁忙的机场之一,该机场共有4个航站楼:朝觐航站楼 (Hajj Terminal),是一个用帐篷搭建的室外的航站楼,主要用于接待前往麦加朝圣者。每年朝觐期间,通过该机场进入麦加的朝圣者超过200万人;南航站楼用于接待沙特阿拉伯航空公司的航班;北航站楼用于接待其他航空公司的航班;王室航站楼主要用于接待贵宾乘客、外国元首及沙特王室成员。2003年,该机场接待航班72384架次,接待乘客1 084.8万人次。该机场于2006年启动扩建工程,投资金额约5亿美元。

法赫德国王国际机场(King Fahd International Airport)

法赫德国王国际机场建于1999年,位于达曼附近,占地780平方千米,就其面积来讲,是世界上最大的机场。该机场主要服务于达曼、宰赫兰、胡拜尔、盖提夫、拉斯坦努拉和朱拜勒等城市。该机场拥有一个面积达32.7万平方米的

巨型航站楼及一个面积为1.64万平方米的王室航站楼。2004年,该机场接待航班23 776架次,接待乘客278.2万人次,运送货物48 063吨。

穆罕默德王子机场（Prince Mohammad Bin AbdulazizAir-port)

穆罕默德王子机场建于1974年,位于麦地那,是沙特阿拉伯的第四大机场。该机场属于地区性机场,规模较小,仅有一个候机楼和面积不大的停机坪。该机场主要接待国内航班以及往返于开罗、大马士革和伊斯坦布尔等地区的国际航班。麦加朝觐期间,该机场也用于接待承载朝觐客的国际航班。2004年该机场接待乘客159.2万人次,其中朝觐客为37.9万人次,日均接待航班20～25架次。

沙特阿拉伯航空公司(Saudi Arabian Airlines)

沙特阿拉伯航空公司是国营航空公司,总部设在吉达。沙特

阿拉伯航空公司于1946年9月正式成立，曾是阿拉伯地区规模最大的航空公司，但于2006年则退居第二位，仅次于阿联酋航空公司。沙航也是阿拉伯航空运输组织的成员。沙航目前拥有约150条国际航线。截至2008年7月，沙航拥有客机92架，货机8架，贵宾专用飞机7架，并已订购客机70架。

【走近沙特】

沙特阿拉伯实行开放性市场、私有企业政策以及对外汇控制和资金及利润回流限制上的宽松政策，成功地吸引了众多外商直接投资。特别是2003年沙特阿拉伯实行了石油的下游市场对外开放的政策后，对外资的吸引力增大，外国直接投资逐年增加，2004年为1.9亿美元，2006年已上升到18.3亿美元，2008年达到17.4亿美元。

2006年，客运量大幅增加，达到1 786.78万人次，创60年来最高纪录。但沙航平均机龄偏大，约为12.8年，其中部分现役飞机的机龄更已达30年或更长。

第二节　邮电通信业的未来

(一)邮政业

2002年成立的国有沙特阿拉伯邮政集团（Saudi Post Corporation）通过其旗下由国有及私人邮局组成的覆盖全国的邮政网络为沙特阿拉伯私人、公司及政府单位提供国内外邮递、速递及其他邮政服务。沙特阿拉伯邮政网络主要由以下部分组成（截至2007年）：

(1)邮政局和邮政分局。至今，沙特阿拉伯全国已建有470个邮政局和164个邮政分局，这些邮局分布在各个城市、城镇以及大的行政村。

(2)速递邮政局。依照邮政业务的需求，全国建有120个速递邮政局。

(3)私人邮政局。由私人投资兴建的全功能的邮政局。目前共有83个私人邮政局。

(4)邮箱。

(5)移动邮政服务。移动邮政主要服务于沙特阿拉伯农村地区，现已覆盖5 665个村镇。

2007年，沙特阿拉伯邮政集团处理邮件达8.53亿件，其中信件占99.7%，快递占0.2%，其余则是包裹业务。

(二)通信业

　　长期以来,沙特阿拉伯的通信业一直由政府垄断,其主管部门是沙特阿拉伯通信和信息科技部,负责市场管理的是沙特阿拉伯通信和信息科技委员会,电信业的具体运营则由沙特阿拉伯电信公司负责。近年来,为进一步适应全球经济一体化形势,加快经济改革,引进市场竞争,打破行业垄断,沙特阿拉伯政府决定分步骤地开放国内通信市场。2002年沙特阿拉伯政府开始向本地私人投资者出售沙特阿拉伯电信公司30％的股份。截至2007年,沙特阿拉伯通信与信息技术部已向两家移动通信公司和两家固定电话公司颁发了营业执照。实行改革后,沙特阿拉伯通信业发展非常迅速,2001年沙特阿拉伯通信业产值还仅是198亿里亚尔,到2007年却猛增至430亿里亚尔,其中,移动通信业发展最为迅速,占2007年通信业总产值的80％。

　　1. 固定电话

　　沙特阿拉伯固话业务一直为沙特阿拉伯电信公司所垄断,为改变固话业务一家独大的状态,提高固话服务质量,沙特阿拉伯通信与信息科技部于2007年为巴林电信公司(Batelco)发放了固话经营许可证。截至2007年底,沙特阿拉伯固定电话为400万线,其中家庭电话290万线,占总数的73％。2007年,沙特阿拉伯每百户家庭拥有固话66.5部,每百人拥有固话16.3部。2007年,沙特阿拉伯固话总数较上年有所增加。但由于移动通信业务的迅速发展以及通话费用大幅下降,固话业务的私人需求呈下降趋势。2007年,无论从家庭固话数量还是固话的

【走近沙特】

　　在沙特阿拉伯直接投资额最大的前十名国家或地区：美国94.24亿美元；日本45.75亿美元；阿联酋31.14亿美元；荷兰12.99亿美元；科威特8.43亿美元；巴林6.08亿美元；英国6.11亿美元；约旦5.89亿美元；中国台湾2.75亿美元；法国2.64亿美元。

家庭覆盖率来看,都较上一年有所下降。

2.移动通信

沙特阿拉伯现有两家公司经营移动通信业务,一家是国家控股的沙特阿拉伯电信公司,另外一家是于2004年进驻沙特阿拉伯的阿联酋电信公司(Etisalat)的全资子公司莫比利(Mobily),2007年科威特电信公司也以61亿美元的标的获得沙特阿拉伯移动通信业务的经营权。引入竞争机制后,得益于服务质量的提高和通话费用的降低,沙特阿拉伯移动通信业获得了迅速发展。2001年,移动电话的覆盖率仅为12%,移动电话数量仅为250万部,2007年却分别达到了116%和2 840万部,年均增长率高达46%。

3.互联网

互联网在沙特阿拉伯出现于1994年,但当时仅在政府机构、医疗单位和科研单位内使用,未向普通百姓开放。1999年1月,沙特阿拉伯政府开始允许当地服务商经营互联网业务。近些年,由

于政府对互联网的重视,宽带服务的增长以及电脑价格及网费的下降,沙特阿拉伯互联网服务业获得了迅速发展,互联网用户由2001年的100万人迅速增长到2007年的640万人,年均增长率为36%,2007年沙特阿拉伯互联网的覆盖率为26%。

自2001年沙特阿拉伯电信公司引进非对称数字用户线路(ADSL)以来,沙特阿拉伯宽带用户数量增长非常快,由2001年的1.4万户,迅速增长到2007年的62.3万户。2003～2007年,年均增长率达到惊人的126%。不过,因为沙特阿拉伯电信公司对非对称数字用户线路的垄断,宽带费用仍较昂贵。在沙特阿拉伯,如果要开通1兆的宽带包月业务,用户每月须在向网络服务商缴纳200里亚尔(约54美元)互联网服务费的同时还须向沙特阿拉伯电信公司缴纳每月150里亚尔(约40美元)互联网线路使用费,用户支付的总网费差不多是其周边国家的两倍。昂贵的费用限制了沙特阿拉伯宽带业务的发展,与发达国家及周边国家相比,沙特阿拉伯的宽带覆盖率仍较低,仅仅覆盖了沙特阿拉伯2.5%的人口和10.3%的家庭。但是,随着新固话经营商的到来,沙特阿拉伯宽带服务会获得更快的发展。

4.卫星通信

卫星通信因为其及时传递信息的功能而被用于多个领域。沙特阿拉伯重视卫星通信事业的发展。2000～2007年,沙特阿拉伯总共将12颗卫星送入太空,全国现有7个地面卫星接收站,阿拉伯卫星通信组织总部和阿拉伯卫星一级调控中心均设在利雅得。吉达法赫德国王卫星通信城已是中东地区规模最大的地面卫星接收基地,该基地拥有4个地面接收站:其中两个与国际通信卫星机构 (INTELSAT)连

【走近沙特】

外资主要集中在能源相关的产业,包括石油冶炼和石化。其他外资投入的领域主要有:水利及电力、矿业及铁路、沙美石油公司的采购、通信及信息工程及化学和塑料制造企业等。

接；一个与阿拉伯卫星通信组织连接(ARABSAT)；还有一个与海事卫星通信机构(INMARSAT)连接，为所有的轮船、飞机及其他交通工具提供海上通信服务。

　　沙特电信公司(Saudi Telecom Company)是国有控股的上市公司，成立于1998年，2002年上市，上市后，沙特阿拉伯政府出售了沙特电信公司30％的股份。沙特电信公司还拥有以下公司的股份：印度尼西亚内川都(Natrindo)公司(51％)，沙特阿拉伯特佳易(Tejari)公司(50％)，沙特海底电缆公司(45.72％)，阿拉伯卫星通信组织(36.66％)，阿联酋奥杰尔电信(35％)，科威特电信(26％)，马来西亚明讯(Maxis)通信公司以及印度阿里希尔(Aricel)通信公司(18％)。2008年，沙特电信公司还与英国曼联足球俱乐部签订5年的市场协议，作为协议的一部分，沙特阿拉伯电信的形象将会在曼联网站上和主要场馆内出现，每年还可派送70名沙特阿拉伯学生到曼联接受足球训练。沙特阿拉伯电信公司提供多种形式的移动通信、固话及网络服务，是沙特阿拉伯规模最大、提供服务最为全面的通信公司。

第三节　财富达人的致富之道

认识保险类别

比较常见的保险类型有社会保险和商业保险两种。

1.社会保险

所谓社会保险，是指收取保险费，形成社会保险基金，用来对其中因年老、疾病、生育、伤残、死亡和失业而导致丧失劳动能力或失去工作机会的成员提供基本生活保障的一种社会保障制度。

社会保险通常包含养老、医疗、失业、工伤、生育保险等。

通常而言，假如你是一个自由职业者，社保全额由个人负担的话，那你只需要缴纳养老保险和医疗保险。

2.商业保险

人们一般所说的保险是指商业保险。所谓商业保险是指通过订立保险合同运营，以营利为目的的保险形式，由专门的保险企业经营，商业保险关系是由当事人自愿缔结的合同关系，投保人根据合同约定向保险公司支付保险费，保险公司根据合同规定为事故发生所造成的财产损失承担赔偿保险金责任，或者当被保险人死亡、伤残、疾病或达到约定的年龄、期限时承担给付保险金责任。

商业保险大致可分为人身保险、财产保险、责任保险、信用保险和再保险。当然,根据保险标的不同,保险可分为人身保险和财产保险两大类。

（1）人身保险

人身保险是以人的寿命和身体为保险标的的保险。当人们遭受不幸事故或因疾病、年老以致丧失工作能力、伤残、死亡或年老退休后,根据保险合同的规定,保险人对被保险人或受益人给付保险金或年金,以解决病、残、老、死所造成的经济困难。

（2）财产保险

财产保险是以物或其他财产利益为标的的保险;是指除人身保险外的其他一切险种,包括财产损失保险、责任保险、信用保险、保证保险、农业保险等。它是以有形或无形财产及其相关利益为保险标的的一类实偿性保险。

学会买保险

通过购买保险合理安排和规划个人资金,可以对因疾病或灾难所带来的财务困难进行规避和防范,同时可以使资产达到保值和增值的目的。

1.买保险应科学地规划

首先,要分析家庭面临的风险及未来可能遇到的风险,明确保险需求。家庭可能面临的危险往往是以下两方面。

第一是人身方面,如生病、死亡、自己的养老、子女未来的教育等。

第二是家庭财产,比如盗窃、火灾等,这些方面的问题往往是不确定的、突如其来的,所以需要得到保障。

其次,选择具体的保险产品,需要考虑的问题有下面几个。

【理财密码】

保险标的即保险对象,比如人身保险的标的是被保险人的身体和生命,财产保险的标的是被保险的财产,责任保险的标的是被保险人所要承担的经济赔偿责任,信用保险的标的是被保险人的信用导致的经济损失。

第一，确定保险金额。通常情况下，保险费与保险金额成正比，基于这一点，我们就要量力而行，保险金额需要根据自己的收入来选择。

第二，选择保险公司。保险公司的好坏与自己未来的收入和支出密切相关，所以尽可能选择稳健、服务优良的保险公司。

第三，确定保险期限。因为涉及未来交纳保险费的数量与频率，所以需要大致估量来的收入和支出。

第四，还要定期调整保险计划。不同时间的家庭，其保险需求、收入水平往往会产生变化，可能面临的风险也不相同。因此，投保人如果想享受充分的保障，就可以定期调整保险计划和保险产品。

2.要先保值才能增值

理财规划首先要从保障开始，保值是增值的前提，这是保险理财专家所一贯秉持的观念。很多人将投保看成是一种投资行为，从而以简单的投资思维去计算回报率，其实这是一种错误的认识，因为没人能计算个体对应于某一风险的概率。

3.保险产品以分红型为主

市面上形形色色的保险种类有不少，每个种类又有若干不同的设计产品，让人眼花缭乱。面对金融危机，要怎样挑选出最急需、最实惠的产品以保障生活质量与财务状况，对于"80后"投保人来说是一门学问。

将需求基本锁定在医疗险、寿险、意外险和健康险等险种上是很多投保人的做法。而每个人根据年龄、收入水平的高低、身体状况，搭

【理财密码】

对于理财步骤而言，应当从发生概率小、影响却最严重的风险开始规划，比如意外、重大疾病、医疗、身故等方面，要着重考虑，否则一旦这些风险发生，对家庭经济将是一种严重的冲击。在基础保障的前提下，然后大部分资金可以"栖息"于银行，而没有投资渠道的部分资金可以用来购买稳健、保本的理财产品，并且理财计划要随时根据客观情况的变化来调整。

配有所不同,从而保险额度也不相同。在选择保险产品时,建议以各险种的分红型产品为主,因为分红型保险产品往往可以通过保额分红的方式增加保额,抵御通货膨胀,防止保单贬值。

案例:年薪10万元的家庭保险购买方案

邓先生今年29岁,在外贸公司工作,妻子28岁,在私企任职,有一个一岁半的儿子,正在上托儿所。夫妻俩年收入10万元,拥有15万元的银行存款,市值2万元的股票,一套90平方米的三室两厅住房。其每月家庭开销大约为2 000元。每月孝敬双方父母的钱约为500元,孩子教育费用每年约为4 000元。

邓先生选择了某保险公司的"财富通B款"投资连结险。此款保险产品是在传统寿险产品的基础上发展起来的,拥有传统寿险的身故和残废两大保障,并融合了独立的全新的个人投资账户功能,是目前市场中独具特色的一个保险加投资的保险理财产品。对于追求稳健收益的投资者来说,就成了平衡收益和风险的理想选择。在稳健、可观收益的基础上,此款保险产品还具有风险保障功能,这是其他保险理财产品所不具备的。

邓先生选择的保险产品保额为10万元(60岁以后保险额为5 000元),缴费期限为10年,年缴保费2万元,其中包括有5 000元的基本保险费。同时,一次性追加保费20万元。

【理财密码】

在购买保险时很多人心存疑虑,最主要的原因是担心在保险理赔时遭遇不快。

按照合同约定,邓先生支付的保险费在扣除初始费用后会进入个人投资账户。期间,还有一些费用如保单管理费、风险保险费等也将定期从个人账户中扣除,扣除后的个人账户的余额将用于投资。

第六章　旅游业的发展战略

　　沙特阿拉伯是伊斯兰文明的发源地,拥有伊斯兰两大圣地麦加和麦地那,是穆斯林的精神家园。沙特阿拉伯的旅游业主要是以宗教朝觐旅游为主,宗教旅游独具特色。

　　想要发财就得先有梦想，但是很多人可能认为做那些成为富翁的白日梦根本不现实，还是勤勤恳恳地工作来得踏实。但是，其实成为富翁也不是那么困难的事情。

　　有个简单成为富翁的例子，当你看完这个例子，你绝对不会认为成为富翁是在做白日梦。如果你从现在开始每年都往银行存入定期存款1.4万元，平均每年5%的利率，如果坚持40年之后，你会得到多少钱呢？按照银行复利计算出来是169万元，是不是一个很惊人的数字。况且对于一般的工薪族来说，这个计划都是完全可以实行的。要的就是你有成为富翁的梦想，并且能够为了梦想的实现而坚持40年每年存钱。

　　正如上面例子中所讲述的那样，成为富翁其实是一件很简单的事情，最重要的是你要有成为富翁的梦想，并且为了实现梦想时刻计划着，成为真正的富翁才离你不远。

第一节　沙特阿拉伯旅游指南

沙特阿拉伯是伊斯兰文明的发源地,拥有伊斯兰两大圣地麦加和麦地那,是穆斯林的精神家园。沙特阿拉伯的旅游业主要是以宗教朝觐旅游为主,宗教旅游独具特色。入境旅游者主要来自全球伊斯兰国家以及欧洲、北美和东亚。为了促进本国旅游业的发展,并希望通过旅游业带动本国非石油部门经济增长、解决国内日益紧张的就业问题、解决国内各部门发展平衡问题,沙特阿拉伯在2000年成立了旅游最高委员会 (Supreme Commission for Tourism)[后2008年改名为旅游和古迹委员会 (General Commission for Tourism and Antiquities)],负责本国旅游资源的开发和管理工作。

沙特阿拉伯王国具有多样化的自然风光和文化遗产,旅游资源丰富,基础设施完善。沙特阿拉伯全国共有博物馆114座, 国家公园25座, 栖息地14处,分布于全国各大城市。

旅游和古迹委员会资料显示,沙特阿拉伯全国已有1200处自然、历史、文化遗产被电子归档,并可根据其旅游潜力、旅游价值和当前状态进行查询;全国确定有40处具有开发潜力的

【走近沙特】

由于沙特阿拉伯每年石油出口额是进口额的3倍,有足够的外汇支付能力, 并不需要外国投资作为外汇来源以支付进口。另外,沙特阿拉伯有足够的现金和外汇储备来满足国内投资需要。所以沙特阿拉伯并不像其他一些国家一样需要大量的外国投资。

旅游区并被旅游和古迹委员会确定为未来旅游开发的重点。2002年沙特阿拉伯旅游和古迹委员会确认903处遗址适宜进行旅游开发,并同其他有关部门合作建立了对这些遗址进行保护的机制。

2002～2007年,沙特阿拉伯旅游业发展迅速,这主要是得益于国内旅游服务的改进、高速公路的修建及其他服务业的发展。据沙特阿拉伯旅游和古迹委员会统计,2006年,沙特阿拉伯接待国际游客1 099.2万人,较上年增长5.2%,创汇49.55亿美元,较上年下降8.6%。伊斯兰国家是沙特阿拉伯主要的海外游客来源地。2007年,海合会国家、中东国家其他国家以及东南亚国家游客分别占沙特阿拉伯国外游客总数的33.6%、31%和17.5%。圣城麦加和圣城麦地那是沙特阿拉伯最重要的旅游城市,2007年总共接待游客1 460万人次(其中,麦加接待游客1 090万人次),游客主要是来自沙特阿拉伯全国和世界各地的朝觐客。沙特阿拉伯商业和工业部资料显示,截至2007年底,沙特阿拉伯全国共有旅馆1 209

家，接待能力为18.5万人；全国共有注册出租房2784间，总接待能力为6.82万人。

　　旅游业是沙特阿拉伯非石油部门的重要组成部分。沙特阿拉伯旅游和古迹委员会的资料显示，2007年，沙特阿拉伯旅游业创造产值370亿里亚尔，占国民生产总值的2.6%，占非石油部门总产值的5.8%。2007年，旅游业为全国提供了约37万个就业岗位，从业人数占全国劳动力总数的10%。

第二节　沙特著名旅游景点

　　麦加大清真寺（Al-Masjid al-Haram）又称禁寺,是世界各国穆斯林去麦加朝觐礼拜的主要去处。它位于麦加城中心,规模宏大。经几个世纪的扩建和修葺,总面积达18万平方米,可容纳50万穆斯林同时做礼拜。禁寺有25道大门和60个小门,7座高达92米的尖塔,24米高的围墙将门和尖塔连接起来,6座塔分别耸立在3座主要大门的两侧,第7座塔则与直径35米的圆顶殿毗邻。从围墙到楼梯台阶以及整个地面,都用洁白大理石铺砌,骄阳之下,光彩夺目,气势磅礴。

　　圣殿克尔白(al-Ka'bah)在禁寺广场中央,呈正方形,又称天房(真主的房子),长12.2米,宽10米,高约15米,用灰褐色硬石砌成立方体,天房内吊着盏盏金灯和银灯,交相辉映。天房内3根顶柱傲然挺立,其东北侧装着两扇金门,离地2米,门高达3米,宽2米,用286千克赤金精工铸造,天房自上而下终年用黑丝绸帷幔蒙罩,帷幔中腰和门帘上用金银线绣有《古兰经》经文,帷幔每年更换一次,据传这一传统已经延续了1 300多年。天房外东南角一米半高出的墙上,镶嵌着一块30厘米长的微红的褐色陨石,穆斯林视为圣

【走近沙特】

　　沙特阿拉伯政府希望能够吸引外国投资者前来投资,是因为在某一行业国外投资的多少可以用来作为判断此行业在国际范围内的竞争力的标准。并且,外国投资在一定程度上也能够刺激国内投资的发展,促进先进生产技术的普及。

物。克尔白早先是古阿拉伯多神教敬神献祭的古殿,殿内有各种神的偶像。穆罕默德在623年改定克尔白为礼拜朝向,630年攻占麦加后,清除殿内外360尊偶像,仅保存克尔白,成为穆斯林朝拜中心。麦加干旱缺水,但有"渗渗泉"奔涌不息,被称为"圣水",朝觐者不但自己畅饮圣洁之水,还要大罐、小罐装上一些圣水带回家乡,给那些未能前来朝觐的人尝尝,以沾福荫。

先知寺(Al-Masjid al-Nabawi)是伊斯兰教第二大圣寺,又称麦地那清真寺(Masjid al-Madinah)。622年9月,伊斯兰教先知穆罕默德率众从麦加迁往麦地那后修建。寺院面积为1.63万平方米,有5道门和5座尖塔,豪华宽大的礼拜殿内有精致的凹壁(米哈拉布),殿顶每隔3米装有一盏水晶玻璃吊灯,光彩夺目。穆罕默德的陵墓在寺的东南角,由黄铜栏杆隔开。

米纳(Mina)是穆斯林朝觐时"射石"驱魔和宰牲的地方,位于麦加以东15千米处。朝觐期间,朝觐者连续3天须向3个象征恶魔的石

柱射石驱魔，每个石柱射击7颗小石子。射石之后，要在米纳宰牲，所宰的牲口不能有病、不能是残缺老弱者。宰牲是为了纪念先知易卜拉欣引导人遵从主命、准备牺牲自己儿子作最高奉献的虔诚心愿。米纳是一个阿拉伯语译音，有"希望"的意思。当年先知易卜拉欣奉安拉之命准备宰子伊斯玛仪祭献，当他要宰子时，安拉降下启示，命令他宰羊代替。所以，朝觐者要在米纳山宰牲，在宰牲时，要以祈求安拉实现自己的希望。至于石射大恶魔，象征人们随时会遭到恶魔的诱惑，所以，人要用智慧之石，驱逐人生道路上的所有恶魔。

希吉尔(Al-Hijr)考古遗址亦被称为迈达因萨利赫遗址(Madain Saleh)，2008年被联合国教科文组织列入世界遗产名录，这是沙特阿拉伯首个被列为世界遗产名录的考古遗址。希吉尔考古遗址位于沙特阿拉伯中部乌拉镇南22千米处的浩瀚沙漠中，是一座利用山体开凿而成的石头城。该遗址是约旦佩特拉南部最重要的奈伯特(Nabataeans)文化遗址，该遗址完好地保存了奈伯特人的坟墓，这些坟墓可以追溯至公元前1世纪到公元1世纪，该遗址还保存有奈伯特文明以前的50处铭刻和洞穴壁画。遗址的主体由111座坟墓(其中94座有装饰)和众多水井组成。希吉尔考古遗址让世人见证了奈伯特人精湛的建筑艺术和卓越水利技术。

德尔伊叶古城位于首都利雅得西16千米处的哈尼法谷地，是沙特阿拉伯内志的故都遗址(1774～1818)，也是沙特王族的发祥地。迄今虽然只有200多年的历史，却是沙特阿拉伯境内最重要的历史古迹之一，被视为沙特阿拉伯王国的历史标志。